myNews explica!

Política dos EUA

Carlos Gustavo Poggio

70

myNews explica!

Política dos EUA

Carlos Gustavo Poggio

70

MYNEWS EXPLICA POLÍTICA DOS EUA

AUTOR: Carlos Gustavo Poggio

DIRETOR DA ALMEDINA BRASIL: Rodrigo Mentz
EDITOR: Marco Pace
EDITOR DE DESENVOLVIMENTO: Rafael Lima
COORDENADORAS DA COLEÇÃO MYNEWS EXPLICA: Gabriela Lisboa e Mara Luquet
ASSISTENTES EDITORIAIS: Larissa Nogueira e Letícia Gabriella Batista
ESTAGIÁRIA DE PRODUÇÃO: Laura Roberti

REVISÃO: Elcio Carvalho e Mariana Mortari
DIAGRAMAÇÃO: Almedina
DESIGN DE CAPA: Roberta Bassanetto
IMAGEM DE CAPA: Freepik

ISBN: 9786554271615
Agosto, 2023

Dados Internacionais de Catalogação na Publicação (CIP)
(Câmara Brasileira do Livro, SP, Brasil)

Poggio, Carlos Gustavo
MyNews explica política dos EUA / Carlos Gustavo Poggio. – São Paulo, SP : Edições 70, 2023.

ISBN 978-65-5427-161-5

1. Democracia - Estados Unidos 2. Direito eleitoral 3. Estados Unidos - Política e governo 4. Partidos políticos 5. Política internacional I. Título.

23-160571 CDD-321.80420973

Índices para catálogo sistemático:

1. Estados Unidos : Democracia : Ciência política 321.80420973
Tábata Alves da Silva - Bibliotecária - CRB-8/9253

Este livro segue as regras do novo Acordo Ortográfico da Língua Portuguesa (1990).

EDITORA: Almedina Brasil
Rua José Maria Lisboa, 860, Conj.131 e 132, Jardim Paulista | 01423-001 São Paulo | Brasil
www.almedina.com.br

Apresentação

Zelar pela informação correta de boa qualidade com fontes impecáveis é missão do jornalista. E nós no MyNews levamos isso muito a sério. No século 21, nosso desafio é saber combinar as tradicionais e inovadoras mídias criando um caldo de cultura que ultrapassa barreiras.

A nova fronteira do jornalismo é conseguir combinar todos esses caminhos para que nossa audiência esteja sempre bem atendida quando o assunto é conhecimento, informação e análise.

Confiantes de que nós estaremos sempre atentos e vigilantes, o MyNews foi criado com o objetivo de ser plural e um *hub* de pensamentos que serve como catalisador de debates e ideias para encontrar respostas aos novos desafios, sejam eles econômicos, políticos, culturais, tecnológicos, geopolíticos, enfim, respostas para a vida no planeta nestes tempos tão estranhos.

A parceria com a Almedina para lançar a coleção MyNews Explica vem de uma convergência de propósitos.

A editora que nasceu em Coimbra e ganhou o mundo lusófono compartilha da mesma filosofia e compromisso com o rigor da informação e conhecimento. É reconhecida pelo seu acervo de autores e títulos que figuram no panteão de fontes confiáveis, medalhões em seus campos de excelência.

A coleção MyNews Explica quer estar ao seu lado para desbravar os caminhos de todas as áreas do conhecimento.

Mara Luquet

Sumário

Introdução 9

Capítulo 1: As Origens Históricas do Sistema Eleitoral dos Estados Unidos 15

1.1 Uma República, não uma democracia 19
1.2 O Colégio Eleitoral 24

Capítulo 2: Estrutura Política 29

2.1 Os partidos políticos 32
2.2 O sistema de primárias 44
2.3 O Presidente da República 48
2.4 O Vice-Presidente 52
2.5 O Congresso 54
2.6. O Judiciário 59

Capítulo 3: De Truman a Trump: As Transformações da Grande Potência 65

3.1 "Bear any price" – aprendendo sobre os limites do poder norte-americano 70

3.2 Encerrando a Guerra Fria 80
3.3 Ascensão e declínio do momento unipolar 86
3.4 A reinvenção do poder norte-americano 91

Capítulo 4: Conclusões e Desafios à Frente 97

Introdução

Imagine a seguinte cena: um candidato acaba de ser eleito presidente da República no seu país, mas esse candidato recebeu menos votos do que o candidato derrotado. Você provavelmente pensaria que algo saiu errado. Afinal, se em uma república democrática, o candidato que obteve a maioria dos votos não consegue se eleger, certamente deve ter sido por conta de alguma irregularidade. Como qualquer observador minimamente informado da política dos Estados Unidos sabe, foi exatamente isso que aconteceu quando Donald Trump foi eleito presidente em novembro de 2016, mesmo tendo recebido cerca de 3 milhões de votos a menos do que Hillary Clinton. E essa não era a primeira, nem a segunda vez, que isso havia ocorrido. Em três ocasiões anteriores – nas eleições de 1876, 1888, e 2000 – o presidente foi eleito mesmo não sendo aquele que recebeu a maioria dos votos.

A política dos Estados Unidos é de fato um sistema complexo e confuso, que muitas pessoas têm – justificadamente

– dificuldade de compreender. Este livro visa fornecer uma visão aprofundada de como funciona esse sistema, a começar por explicar as razões pelas quais o sistema eleitoral é tão incompreensível não apenas para quem vê de fora, mas também para muitos cidadãos norte-americanos. Embora haja muitas críticas em relação ao modelo democrático singular dos Estados Unidos, é preciso admitir que se trata de uma nação com vasto conhecimento do tema. Afinal, trata-se da mais antiga e longeva democracia do mundo. Tomando como base uma perspectiva histórica mais ampla, democracias são algo relativamente novo no sistema internacional. De fato, a maior parte dos sistemas democráticos existentes hoje no mundo não tem muito mais do que cinquenta anos. Em países como Brasil e Portugal, por exemplo, muitos cidadãos tiveram uma experiência direta com um regime em que não havia eleições regulares.

Até meados do século XIX, os Estados Unidos eram de fato a única nação do mundo que poderia ser chamada de democracia. Essa, aliás, é uma das chaves para compreender por que o sistema eleitoral norte-americano e outros aspectos da sua política são tão incompreensíveis para muitos: trata-se de um país cuja Constituição está em vigor desde antes da invenção da luz elétrica ou do telefone. É a segunda mais antiga em vigor do mundo, perdendo apenas para a da minúscula República de San Marino, de 1600 – um dos menores países do mundo com apenas cerca de 30 mil habitantes. Um sistema tão antigo possui, evidentemente, uma série de particularidades que o tornam estranho aos olhos do observador moderno. Em San Marino, por exemplo, o Poder Executivo é exercido simultaneamente por dois Chefes de Estado, chamados "capitães regentes", que, por sua vez, são eleitos por um "Grande Conselho Geral".

Da mesma forma, a Constituição norte-americana em vigor hoje é basicamente a mesma elaborada no século XIX. Das 27 emendas feitas à Constituição dos Estados Unidos nos últimos dois séculos e meio, 15 foram entre os séculos XVIII e XIX. Portanto, ainda que caibam muitas críticas a esse e outros aspectos, elas devem ser feitas tendo em vista um conhecimento mínimo do contexto singular e do desenvolvimento histórico da democracia norte-americana. É nesse aspecto que o presente livro busca contribuir.

Seguindo o objetivo da série – "MyNews explica" – ao longo deste livro a descrição será apenas a mínima necessária, privilegiando a explicação e a conexão entre os fatos. A pergunta que orienta cada capítulo do livro é "como chegamos até aqui?", ou seja, ao examinar o processo de formação das instituições norte-americanas e da consolidação do país enquanto potência global, este livro pretende fornecer uma perspectiva histórica para fugir da mera descrição ("o que") para enfatizar a explicação ("como").

No capítulo a seguir, tentarei explicar o questionamento que iniciou essa introdução: como os Estados Unidos consagraram um sistema eleitoral onde o candidato que recebeu menos votos pode superar o candidato mais votado. A ideia é ir além da mera descrição do sistema eleitoral norte-americano, para fornecer uma explicação das origens históricas desse sistema. Afinal de contas, por que o sistema eleitoral desse país é tão complicado? Por que o voto nos Estados Unidos não é direto, como em outras repúblicas? Por que razão existe o tal do "Colégio Eleitoral"? Essas são algumas perguntas que buscarei responder ao longo do capítulo.

No capítulo 2, discutiremos alguns aspectos básicos do sistema político dos Estados Unidos, incluindo o sistema partidário norte-americano, as primárias e o papel de cada um dos Três Poderes: o Executivo (com foco no presidente e vice), o Legislativo (o Congresso) e o Judiciário (com foco na Suprema Corte). Novamente, buscarei combinar descrição com a explicação do processo histórico.

No capítulo 3, vamos analisar a ascensão dos Estados Unidos enquanto superpotência mundial, examinando a política externa norte-americana desde o fim da Segunda Guerra Mundial até os dias atuais. Para isso, vamos adotar a ideia de "tríades" presidenciais – conjuntos de três presidentes consecutivos que compartilham características comuns ou enfrentam desafios semelhantes na condução da política externa. Vamos analisar as seguintes "tríades": a primeira, que poderíamos chamar de "tríade fundadora", com Truman-Eisenhower-Kennedy, que foram os aprendizes do jogo da Guerra Fria e arquitetos do ordenamento internacional sob a liderança dos Estados Unidos. A seguir, vem "a tríade trágica", com Johnson-Nixon-Carter, vitimados pelas consequências da Guerra do Vietnã e problemas domésticos; seguidos pela "tríade triunfante" Reagan-Bush-Clinton, responsáveis por gerenciar o triunfo norte-americano na Guerra Fria. A administração de Bush filho, no auge do poderio norte-americano, pode ser entendida como um governo de transição, que deu início a um processo de enfraquecimento da unipolaridade. Finalmente, ainda que não tenhamos a distância histórica suficiente no momento em que escrevo este livro, Obama-Trump-Biden podem ser classificados como parte de uma "tríade refundadora", buscando reinventar o poder norte-americano na era da polarização doméstica e da disputa geopolítica com a China. Esses dois desafios, um no âmbito interno e outro no âmbito externo, serão abordados no capítulo final.

Obviamente, este livro não pretende ser uma obra exaustiva sobre a história e a política dos Estados Unidos. A ideia é, a partir da perspectiva de um pesquisador brasileiro que se debruça sobre esse tema há mais de duas décadas, oferecer um panorama geral e acessível aos interessados em compreender melhor esse país tão influente e complexo. Por isso, muitas questões relevantes e interessantes ficaram de fora do escopo deste trabalho, ou foram tratadas de forma resumida e simplificada. Espero que este livro sirva como um ponto de partida para uma reflexão mais aprofundada e crítica sobre os Estados Unidos, e que estimule os leitores a buscarem outras fontes de informação e análise sobre esse tema tão fascinante e atual.

Capítulo 1
As Origens Históricas do Sistema Eleitoral dos Estados Unidos[1]

O que explica o fato de o sistema norte-americano permitir que um presidente seja eleito com menos votos que o seu concorrente? Por que os norte-americanos simplesmente não fazem como em diversos outros países, onde as pessoas vão às urnas, os votos são apurados e o candidato que receber mais da metade deles é eleito? Em outras palavras, por que o sistema eleitoral dos Estados Unidos é tão complexo? Para responder a esses questionamentos, nós temos que voltar ao século XVIII.

1776 ficou marcado como o ano da independência dos Estados Unidos. Mas um aspecto que é frequentemente desconsiderado é o fato de que a declaração de independência

[1] Este capítulo é uma adaptação de POGGIO, C. G. As Origens Históricas do Processo Eleitoral nos Estados Unidos: Breves Comentários. *In*: GOÉS-NETO, A.; SALIBA, A. T.; LOPES, D. B. (Org.). *Coleção Desafios Globais.* 1 ed. Minas Gerais: UFMG, 2021. p. 201-214.

não criou um país, mas sim treze Estados independentes. Ao longo do processo que culminou na independência em relação ao Império Britânico, as treze colônias, então chamadas "Colônias Unidas", fizeram dois congressos para discutir ações conjuntas. Ao fim do Segundo Congresso, ficou decidido que as treze colônias eram, a partir de então, "Estados livres e independentes", que se afirmavam, portanto, como separadas do Império Britânico. Ora, se eram livres, não podiam mais ser chamadas de "Colônias Unidas". Eram os "Estados Unidos". Isso fica claro quando lemos o título da versão final da declaração de independência: "Declaração Unânime dos Treze Estados Unidos da América".

Ou seja, em 1776 não temos um país declarando sua independência com relação à metrópole, mas treze Estados, que por sua vez, declaravam-se "livres e independentes". Essa é a primeira questão central. Esses treze Estados tinham diante de si uma tarefa imediata: lutar uma guerra contra o maior império da época. Para facilitar os esforços de guerra, esses Estados decidiram estabelecer então uma confederação, a que chamaram de "Os Estados Unidos da América". Aqui é importante lembrar que, ao contrário de uma federação, em uma confederação os Estados constituintes mantêm sua soberania. E, de fato, cada um dos treze Estados tinha a sua própria Constituição, com suas regras particulares, e cada um deles teve que individualmente ratificar os artigos da Confederação, o que acabou acontecendo apenas em 1781. Um dos objetivos principais da formação de uma confederação era lidar com questões ligadas às relações internacionais, como estabelecer alianças e regular o comércio com outros países, além de estabelecer normas como a livre circulação de pessoas entre os Estados.

Portanto, a primeira coisa a se ter em mente ao refletirmos sobre o processo constitucional norte-americano é o seguinte: os Estados Unidos nasceram como uma associação entre treze Estados independentes, e, portanto, com um governo central relativamente fraco. Não havia ainda a figura do presidente. O que havia era um Congresso (unicameral), que, de tão fraco, sequer podia instituir impostos, o que permanecia como sendo uma exclusividade dos Estados. Era relativamente comum os Estados agirem ignorando os artigos da Confederação. Ao contrário do Brasil, por exemplo, em que a declaração de independência não levou a uma guerra e foi rapidamente reconhecida por Portugal, a declaração de independência dos treze Estados Unidos levou a um violento conflito de mais de sete anos contra o poderoso Império Britânico. Essa guerra termina apenas em 1783, com o reconhecimento dos britânicos da independência dos Estados Unidos com o Tratado de Paris. Nesse tratado, a antiga metrópole menciona individualmente cada um dos treze Estados, reconhecendo-os como "livres, soberanos e independentes". Note-se então que mesmo com o final da guerra de independência, não temos ainda um país, mas treze Estados independentes.

Com a guerra contra o Império Britânico vencida, inicia-se um movimento para revisar os artigos da Confederação e criar um governo central mais forte. Muitos começaram a defender que os Estados Unidos deveriam deixar de ser uma confederação para tornarem-se uma federação. Em uma federação, em contraste com uma confederação, os Estados renunciam a sua soberania, ainda que mantenham certo grau de autonomia. Um estado que é parte de uma confederação tem a prerrogativa de abandonar esse arranjo a qualquer momento. Já em uma federação, isso não é possível. Dada essa cessão de soberania, a única forma de estabelecer uma federação é através do estabelecimento de uma Constituição. Assim, no ano de 1787, temos um evento-chave: a Convenção Constitucional. Cada um dos treze Estados enviou um certo número de delegados para essa Convenção, que se realizou na cidade de Filadélfia. Basicamente, a tarefa diante dos delegados representando os treze Estados era inventar um país. Por essa razão, são conhecidos nos Estados Unidos ainda hoje pela alcunha de "pais fundadores". Porém, esses delegados não começavam do zero. O país que eles inventariam, e, portanto, a Constituição que seria promulgada, teria necessariamente que representar um consenso entre os treze Estados, com interesses e características diferentes.

Esse é um fator fundamental para entender as particularidades do desenho institucional dos Estados Unidos. É a partir desse esforço de equilibrar os interesses de treze Estados diferentes que podemos começar a compreender a formulação do sistema eleitoral norte-americano. É importante destacar que o final do século XVIII era ainda um mundo de impérios, colônias e monarquias. Na França, Luiz XVI e Maria Antonieta ainda tinham coroas nas cabeças e as cabeças nos respectivos pescoços. Nesse mundo, a noção de democracia ainda era muito incipiente. Repúblicas eram basicamente inexistentes. Não havia muitos precedentes para o que aqueles delegados reunidos na Filadélfia fariam. Eles não estavam apenas criando um país: eles estavam inventando um novo sistema político.

1.1 Uma República, não uma democracia

A questão era qual o tipo de sistema político eles iriam estabelecer. Uma coisa estava descartada: não queriam uma monarquia, como as que existiam na Europa. Uma alternativa que circulou com força era a de se estabelecer uma democracia, mas essa alternativa também acabou sendo rejeitada. Por mais que isso possa parecer estranho para o observador contemporâneo, convém lembrar que em 1787 não existia nenhuma referência contemporânea de democracia em que os delegados da Convenção Constitucional poderiam se inspirar.

Para compreendermos melhor a desconfiança que existia então em relação ao que se entendia como democracia, a melhor fonte são os 85 ensaios publicados em 1788 por defensores da ratificação da Constituição dos Estados Unidos, que ficaram conhecidos como "Os Federalistas". Lá, encontramos a chave para entender praticamente todos os dispositivos constitucionais dos Estados Unidos hoje, incluindo, por exemplo, o *impeachment*. Os autores dos artigos federalistas, em diversas passagens, demonstraram desconfiança com relação ao que entendiam como democracia – o exercício do poder de forma direta pelo povo. O modelo que tinham em mente era o da Grécia Antiga. A noção moderna de "democracia representativa" ainda estava incipiente. Os autores dos artigos federalistas temiam que uma democracia pura (ou direta) fosse uma forma de governo sujeita àquilo que chamavam de "paixão das massas", que poderia ser vítima de "facções" que iriam contra o interesse da comunidade. "E se uma maioria eventual esmagasse uma minoria?" "E se a população elegesse um líder incapaz?" Essas eram algumas das preocupações levantadas pelos críticos do que entendiam como democracia. Os horrores desencadeados pela Revolução Francesa evidentemente em nada contribuíram para atenuar a opinião desses críticos. John Adams, o segundo presidente dos Estados Unidos, famosamente afirmou que "nunca houve uma democracia que não tenha cometido suicídio". Adams acrescentava que democracias, além de menos duráveis, eram mais "sangrentas" do que monarquias ou aristocracias.[2] Nessa mesma linha, o primeiro presidente da Suprema Corte dos Estados Unidos e um dos autores dos Artigos Federalistas, John Jay, chegou a afirmar que "democracia pura, como rum puro, facilmente produz intoxicação e com ela milhares de travessuras e besteiras".[3]

No Artigo Federalista nº 10, James Madison trata especificamente dessa questão, levantando preocupações semelhantes. Escrevendo antes mesmo da Revolução Francesa, ele afirma que as democracias seriam "espetáculos de turbulência" e "tão curtas em suas vidas como violentas em suas mortes", e critica os "políticos teóricos" que defendem "essa espécie de governo". Um dos receios de Madison era que em uma democracia "homens de temperamento facciosos, de preconceitos locais, ou de desígnios sinistros, podem, por intriga, corrupção, ou outros meios, primeiro obter os votos e depois trair os interesses do povo".[4] Assim, a noção de que uma democracia poderia ser vítima da paixão das massas e descambar para uma tirania era um forte

---

[2] ADAMS, J. *From John Adams to John Taylor*, 17 December 1814. [carta]. Founders Online, National Archives, 1814. Disponível em: <https://founders.archives.gov/documents/Adams/99-02-02-6371>. Acesso em: 01/02/2023

[3] JAY, W. *The Life of John Jay: With Selections from His Correspondence and Miscellaneous Papers.* New York: J.&J. Harper, 1833, p. 300.

[4] HAMILTON, A.; MADISON, J.; JAY, J. *The Federalist Papers.* New York: Bantam, 1982, p. 57.

argumento influenciando os participantes da Convenção Constitucional.

É por essa razão que muitos se surpreendem ao descobrir que na Constituição dos Estados Unidos a palavra "democracia" simplesmente não aparece. O que a Constituição explicitamente fala é em estabelecer "uma forma de governo republicana". Os delegados, portanto, ao rejeitarem explicitamente o estabelecimento de uma democracia, tinham em mente a instituição de uma República. Madison entendia como República "a delegação do governo a um pequeno número de cidadãos eleitos pelo restante".[5] Para ele, essa era a primeira vantagem desse sistema de governo. Ou seja, uma República ofereceria uma forma de mediação entre as paixões populares e as decisões de governo. O efeito seria um "refinamento e alargamento da visão do público, ao passá-la através de um meio composto por um corpo de cidadãos escolhidos".[6] Uma outra vantagem de uma República, a que Madison fez diversas referências nos artigos federalistas, era que possibilitava sua extensão a um número maior de pessoas, ao passo que democracias puras só poderiam funcionar em pequenos estados.

Portanto, a Convenção que se reuniu para discutir a Constituição desse novo país, os Estados Unidos, tinha diante de si o desafio de criar um sistema novo de governo, de caráter republicano e que fosse aceito unanimemente por todos os treze Estados constituintes. Uma das questões mais importantes discutidas nessa Convenção foi como seria a seleção dessa figura que, assim como o telefone e a luz elétrica, ainda não tinha sido inventada: o presidente da República. Em 1787, em um mundo de monarquias pré-Revolução

---

[5] Ibid, p. 55

[6] Ibid.

Francesa, a figura do "presidente" era algo completamente novo. Na prática, foram aqueles delegados reunidos na Filadélfia que inventaram o presidente da República em 1787. O método de seleção do presidente – a quem os delegados comumente se referiam como o "primeiro magistrado" – foi um dos temas mais espinhosos, sobre os quais a Convenção Constitucional se debruçou durante semanas até chegar a uma fórmula que fosse aceitável por todos.

Não foi fácil chegar a um consenso sobre como selecionar o presidente. Um dos mais ativos delegados da Convenção, James Wilson, chegou a afirmar: "Esse assunto dividiu muito a Casa, e irá dividir o povo lá fora também. Foi realmente o tema mais difícil de todos os que tivemos que decidir.".[7] O que era óbvio é que os Estados seriam os elementos básicos de qualquer desenho constitucional. Dada a importância desse fato, é fundamental reforçar: os Estados existiam antes do país. A questão era qual grau de autonomia eles iriam atribuir a esse governo central que criavam.

Os Estados Unidos tinham diante de si, portanto, uma situação diametralmente oposta à do Brasil, onde os estados foram, na prática, criados muito depois da independência em 1822. Foi apenas com a Constituição Republicana de 1891 que o Brasil deu um certo grau de autonomia aos estados. Assim, ao passo que o sistema federativo no Brasil foi instituído de forma centrífuga, ou seja, partindo de um governo centralizado para um menos centralizado, nos Estados Unidos a instituição do federalismo se deu de forma inversa, por um movimento centrípeto. Esse fenômeno é chave para compreender os diferentes desenhos institucionais que acabaram por predominar em cada um desses

---

[7] FARRAND, M. (ed.). *The Records of the Federal Convention of 1787.* New Haven: Yale University Press, 1966. v. 2, p. 501

países. Além disso, ao contrário dos norte-americanos em 1787, os brasileiros em 1891 tinham em quem se inspirar para constituir sua República Federativa: os Estados Unidos. E assim o fizeram. O país acabou adotando o nome de "República dos Estados Unidos do Brasil."

Em linhas gerais, havia duas propostas mais relevantes discutidas na Convenção Constitucional na Filadélfia. Uma delas era mais radical: que o presidente fosse eleito diretamente pela população. Nada remotamente parecido existia em 1787. Como vimos, dada a objeção que muitos dos "pais fundadores" tinham em relação à democracia, a proposta de eleição direta do presidente enfrentou muitos obstáculos naquele contexto. Havia grande preocupação com os efeitos da "paixão das massas". Não à toa, James Wilson, o delegado que mais ardentemente defendeu o voto direto, acabou isolado nessa questão. Os constituintes entendiam que seria necessário instituir algum tipo de freio às vontades das multidões, um filtro entre o eleitor e a seleção de uma figura tão importante como o presidente.

Nesse espírito, outra proposta mais debatida foi a de que o presidente fosse escolhido pelo Congresso, como uma espécie de primeiro-ministro, o que naquela época ainda era uma novidade. Mesmo na Inglaterra pós-Revolução Gloriosa, o primeiro-ministro era escolhido pelo rei – a ideia de que isso caberia ao Parlamento estava apenas começando a ganhar força entre os britânicos. Ou seja, não eram apenas as Repúblicas que eram raras em 1787. O moderno sistema de monarquias parlamentaristas na Europa só se desenvolveria totalmente ao longo do século seguinte. Portanto, nem nessa questão os delegados da Convenção Constitucional tinham muitas referências. Logo de cara enxergavam um problema caso o presidente fosse eleito pelo Congresso:

o fato de que isso o tornaria muito dependente do Poder Legislativo, criando uma indesejável relação de dependência entre Executivo e Legislativo.

Após intensos debates ao longo de diversas semanas, a Convenção Constitucional acabou rejeitando ambas as propostas: tanto a eleição direta via voto popular, quanto a indireta via Congresso. Um certo ar de desespero começou a tomar conta dos delegados – eles teriam que de alguma forma chegar a uma fórmula, ou, do contrário, não haveria uma Constituição. Tendo descartado tanto o voto direto quanto a eleição pelo Congresso, os delegados chegaram a uma espécie de meio-termo, adotando uma ideia um tanto aristocrática de um corpo de "eleitores" qualificados que teriam a responsabilidade de eleger o presidente. A solução a que acabaram chegando foi produto de longos debates: um "Colégio Eleitoral".

1.2 O Colégio Eleitoral

A noção de "Colégio Eleitoral" tem paralelo com o "Colégio dos Cardeais", responsável pela eleição do Papa. De fato, a palavra "colégio" no seu sentido original vem do latim *collegium*, derivado de *colligere*, que significa reunir. No Artigo Federalista nº 68, Alexander Hamilton explica a lógica do Colégio Eleitoral afirmando que a seleção do presidente "deve ser feita pelos homens mais capazes de analisar as qualidades necessárias à situação, agindo sob circunstâncias favoráveis à deliberação".[8] Hamilton via o Colégio Eleitoral como "um corpo intermediário de eleitores" que

8 HAMILTON, A.; MADISON, J.; JAY, J. *The Federalist Papers*. New York: Bantam, 1982, p. 414.

contribuiria para evitar a eleição de presidentes com "talentos para a intriga rasteira e os pequenos truques da popularidade", já que os eleitores do Colégio estariam menos expostos "aos calores e fermentos que podem ser comunicados a eles pelo povo".[9] Ao ler essa passagem, a impressão é de que Hamilton, em 1797, estava preocupado com o que hoje chamamos de populismo.

Respondendo à acusação de que estariam criando uma espécie de aristocracia com o Colégio Eleitoral, os seus defensores destacavam a proibição de títulos de nobreza e o fato de que todos os poderes do governo federal derivavam direta ou indiretamente do "povo". Da forma que os pais fundadores enxergavam, os representantes da vontade popular eram os deputados, não o presidente. Uma ilustração clara disso é o fato de que os senadores eram escolhidos de forma indireta pelas câmaras estaduais, e não por voto direto. Isso só mudou em 1913 com a 17ª emenda estabelecendo eleição direta para senadores. Restava então decidir de que forma esses distintos eleitores do Colégio Eleitoral seriam escolhidos. A solução foi, como era de se esperar, que essa tarefa deveria caber aos Estados. Com esse contexto em mente, podemos entender a frase que acabou na Constituição sobre a forma de seleção do presidente da República: "Cada Estado deve apontar, da forma que for decidida por sua legislatura, um número de eleitores igual ao número de Senadores e Representantes que aquele Estado tem no Congresso". Esse é o trecho da Constituição que define o Colégio Eleitoral. Em outras palavras, cada Estado tem direito a um determinado número de eleitores no Colégio Eleitoral que equivale à soma do número de

---

[9] Ibid., p. 416

deputados mais os senadores que aquele Estado possui no Congresso. Por essa razão, atualmente (com 50 Estados), o total de eleitores no Colégio Eleitoral seria 535, ou seja, os 100 senadores mais os 435 deputados federais. Desde 1961, com a 23ª emenda que atribuiu três votos eleitorais ao Distrito de Columbia, são 538.

Dado que todos os Estados têm o mesmo número de senadores (dois) e ao menos um deputado, o número mínimo de votos que um Estado tem no Colégio Eleitoral é três. É o caso de alguns estados pouco populosos, como as Dakotas do Norte e do Sul. Por outro lado, Estados mais populosos têm mais deputados e, portanto, mais votos no Colégio Eleitoral. A Califórnia, por exemplo, tem 53 deputados, logo, somados aos dois senadores daquele estado, conta com 55 votos no Colégio Eleitoral. E assim por diante. Para ser eleito, um presidente precisa de 50% (269) mais um dos votos no Colégio Eleitoral, portanto, 270. Esse é o número de votos necessários para eleger um presidente nos Estados Unidos.

Há um trecho muito relevante na frase constitucional citada acima, que é chave para entender as transformações no papel do Colégio Eleitoral ao longo dos anos. A parte que diz: "[...] da forma que for decidida por sua [do Estado] legislatura". Isso significa que, constitucionalmente, cabe aos próprios Estados, e não ao governo federal, definir a forma de seleção dos eleitores do Colégio Eleitoral. Nas primeiras eleições presidenciais, cada Estado foi testando diversas formas de seleção dessas pessoas. Com o tempo, e o desenvolvimento dos ideais democráticos, foi se consolidando a ideia de que caberia à população escolher esses eleitores. Ou seja, os eleitores do Colégio Eleitoral seriam eles próprios eleitos pela população do Estado. Desse modo, quando os californianos vão hoje às urnas nas eleições presidenciais, estão em tese escolhendo os 55 eleitores que irão compor o quadro de 538 eleitores no Colégio Eleitoral, que por sua vez selecionará o presidente.

A forma de seleção dos eleitores para o Colégio Eleitoral que predominou na maioria dos Estados foi o *winner-takes-all*, ou seja, o Estado atribui todos os seus votos no Colégio Eleitoral ao vencedor daquele Estado. A razão disso é que se imaginou que a concentração de todos os votos do Estado em um candidato (em oposição, por exemplo, a atribuir os votos de forma proporcional) seria uma maneira de aumentar o peso daquele Estado no Colégio Eleitoral. Atualmente, há apenas dois estados que dividem seus eleitores proporcionalmente aos votos populares: Maine e Nebraska.

Assim, chegamos ao sistema mais ou menos como ele funciona hoje. O resultado do processo histórico descrito acima é que o presidente dos Estados Unidos não é diretamente eleito pela população, mas indiretamente pelo Colégio Eleitoral. Na prática, no dia da eleição, os norte-americanos não estão votando no presidente, mas selecionando os delegados que irão compor o Colégio Eleitoral, que por sua vez irá escolher o presidente. Nesse sentido, os Estados Unidos não têm uma eleição nacional, mas 50 eleições estaduais, com cada Estado tendo um peso mais ou menos proporcional à sua população no cômputo geral. Assim, ao contrário do Brasil, o presidente dos Estados Unidos não precisa de 50% + 1 dos votos populares. Ele precisa de 50% + 1 dos votos no Colégio Eleitoral, ou seja 270 dos 538. E, pelo sistema *winner-takes-all*, se um candidato ganha as eleições no Estado da Califórnia, ele leva todos os 55 votos eleitorais daquele Estado, independente se a vitória foi por 51% a 49% ou 90% a 10%.

Dessa forma, conseguimos entender por que Trump foi eleito em 2016, mesmo tendo recebido menos votos totais que Hillary Clinton. Por exemplo, enquanto Hillary venceu na Califórnia com uma margem de mais de 4 milhões de votos sobre Trump, Trump venceu Hillary por pequenas margens em diversos outros estados como Wisconsin, Pensilvânia e Michigan. No caso de Michigan, Trump teve cerca de apenas 10 mil votos a mais que Hillary, o que significa que ele levou todos os 16 votos eleitorais daquele Estado de quase 10 milhões de habitantes.

As eleições de 2000 foram ainda mais apertadas e decididas por uma diferença de apenas 537 votos no Estado da Flórida. Ou seja, na Flórida, Bush venceu Al Gore por uma diferença de apenas 537 votos, o que significa que ele levou todos os 25 votos eleitorais daquele Estado e foi eleito presidente com 271 votos no Colégio Eleitoral contra 266 de Al Gore. Não deixa de ser no mínimo curioso a constatação de que a eleição de 2000 para presidente do mais poderoso país do planeta foi decidida por uma diferença de 0,009% no Estado da Flórida.

Evidentemente, entre 1787 e hoje, muita coisa mudou. Muitas coisas não foram antecipadas pelos pais fundadores. Tivemos, por exemplo, a inclusão de 27 emendas constitucionais, a última delas em 1992. Mas as palavras escritas pelos constituintes que se reuniram na Filadélfia em 1787 continuam presentes na Constituição dos Estados Unidos e suas marcas são sentidas até hoje.

Capítulo 2
Estrutura Política

Do ponto de vista da ciência política, os Estados Unidos são com frequência considerados como um "Estado fraco" com uma "sociedade forte". Evidentemente, dizer que os Estados Unidos são um "Estado fraco" nada tem a ver com o poder desse país, mas com o fato de que se trata de um sistema de governo profundamente decentralizado em que o governo federal tem relativamente pouco poder sobre os cidadãos. A maioria das questões que afetam mais diretamente os cidadãos no dia a dia é deixada para os estados e governos locais para decidir por conta própria. Como vimos no capítulo anterior, essa fraqueza do poder central nos Estados Unidos é produto da barganha política necessária para a criação do próprio país a partir de treze unidades previamente soberanas. Isso significa que, da forma como seu papel foi concebido originalmente, o presidente dos Estados Unidos possui poderes extremamente limitados – não apenas em relação aos Estados, mas também pelo fato de que a

Constituição do país atribuiu uma enorme gama de poderes ao Parlamento.

De fato, o Congresso norte-americano possui amplos poderes que permitem que ele intervenha na política externa do país de diversas formas. Além de adotar leis e resoluções, confirmar importantes nomeações e estabelecer políticas fiscais, o Congresso tem o poder de propor emendas à Constituição, aprovar ou rejeitar tratados internacionais, autorizar ou negar o uso da força militar e aprovar ou rejeitar empréstimos externos. O Congresso norte-americano tem o poder de limitar ou expandir o poder do presidente, dependendo do tipo de legislação que sanciona.

Nos estertores da Guerra do Vietnã, por exemplo, o Congresso limitou os poderes do presidente ao aprovar a Resolução *War Powers Act* de 1973, que estipulou que o Congresso deve dar autorização prévia ao presidente antes de enviar tropas militares para fora dos Estados Unidos. Isso limitou a capacidade do presidente de tomar ações militares diretas sem consultar o Congresso. Após os atentados de 11 de setembro de 2001, por outro lado, o Congresso expandiu os poderes do presidente ao aprovar a "Resolução de Autorização para o Uso da Força Militar" de 2002. Essa resolução deu ao presidente a autorização para usar a força militar contra o Iraque, sem a necessidade de autorização prévia do Congresso.

Em contraste com os limitados poderes do presidente dos Estados Unidos, o primeiro-ministro do Canadá, por exemplo, tem uma considerável liberdade para tomar decisões. O sistema parlamentar canadense não exige que o primeiro-ministro consulte seu parlamento antes de entrar em uma guerra ou ratificar um tratado internacional. Esta característica explica por que o Canadá ratificou o Protocolo de Kyoto, enquanto a administração Clinton, apesar de ter assinado o protocolo, não foi capaz de ratificá-lo no Senado. Essa maior autonomia do primeiro-ministro canadense em relação ao presidente norte-americano permite que decisões importantes sejam tomadas com maior rapidez.

Por outro lado, em contraposição a esse Estado relativamente fraco, a sociedade civil nos Estados Unidos é bastante robusta. Seria impensável para um cidadão norte-americano, por exemplo, que o Estado fosse proprietário de igrejas e templos como é o caso da França, que é um Estado bem mais "forte" (isto é, centralizado) do que o norte-americano, no sentido em que usamos o termo aqui. A tendência da sociedade norte-americana de se organizar independente do Estado é uma tradição que foi brilhantemente detectada por um dos mais astutos observadores da sociedade norte-americana, o aristocrata francês Alexis de Tocqueville no clássico "A Democracia na América" de 1832. Vale a pena ler na íntegra a passagem em que Tocqueville comenta sobre a tradição de associativismo voluntário nos Estados Unidos:

> "Os norte-americanos de todas as idades, de todas as condições, de todos os espíritos, se unem sem parar. Não apenas têm associações comerciais e industriais, das quais todos tomam parte, como também têm outras de milhares de tipos: religiosas, morais, sérias, fúteis, muito gerais e extremamente específicas, imensas e muito pequenas; os norte-americanos se associam para organizar festas, fundar seminários, construir albergues, erguer igrejas, disseminar livros, enviar missionários aos antípodas; eles criam dessa maneira hospitais, prisões, escolas. Quando se trata de destacar uma verdade ou desenvolver um

> sentimento com o auxílio de um grande exemplo, eles se associam. Em todo lugar onde, à frente de uma nova empresa, você vê na França o governo e, na Inglaterra, um grande senhor, espere encontrar, nos Estados Unidos, uma associação."[10]

Essa combinação de um Estado decentralizado com uma sociedade civil forte é um aspecto fundamental para compreender a política dos Estados Unidos que frequentemente escapa a muitos observadores. Essa característica do Estado e da sociedade norte-americanos marca profundamente toda a estrutura de governo do país e é o ponto de partida para discutirmos as particularidades desse sistema. Por exemplo, não há nada na constituição dos Estados Unidos que mencione a existência de partidos políticos. Na verdade, os pais fundadores não previam nem desejavam a formação de partidos no país. Eles temiam que os partidos fossem fontes de divisão e corrupção na política norte-americana.

2.1 Os partidos políticos

George Washington, o primeiro presidente dos Estados Unidos, por exemplo, não pertencia a nenhum partido político, e foi reeleito sem oposição em 1792. Se quisesse, Washington poderia concorrer a uma nova reeleição, já que a constituição de 1789 não limitava o número de mandatos que um presidente poderia ter. Ao decidir não o fazer,

---

[10] TOQUEVILLE, A. *A democracia na América* [livro eletrônico]. Trad. Julia da Rosa Simões. São Paulo: Edipro, 2019.

Washington inaugurou uma tradição de que presidentes só concorreriam a reeleição uma vez. Há diversas razões para explicar a decisão do primeiro presidente dos Estados Unidos de não concorrer a um terceiro mandato. Uma delas era que ele já dava sinais de cansaço da vida pública e queria se aposentar na sua fazenda em Mount Vernon, no estado da Virginia. Washington já percebia que o clima político do país estava começando a ficar bastante polarizado e conflituoso. Entretanto, dentre as razões consideradas mais importantes para sua decisão está o fato de que Washington queria evitar que o cargo de presidente se tornasse uma espécie de monarquia hereditária ou tirania, como a que os norte-americanos tinham lutado contra na Guerra de Independência.

Washington anunciou sua decisão de não concorrer a um terceiro mandato em um famoso discurso (na verdade uma carta) de despedida publicado em setembro de 1796. Ele também aproveitou a oportunidade para fazer um balanço da sua administração e dar alguns conselhos e advertências para as futuras gerações de norte-americanos. Nesse discurso, além de alertar os norte-americanos sobre os perigos das divisões partidárias, Washington também falou sobre os riscos das alianças estrangeiras e do endividamento público. O discurso de despedida de Washington teve uma grande repercussão na época e foi considerado um documento histórico e político de grande valor. Ele influenciou muitos líderes e pensadores norte-americanos posteriores, além de estabelecer a tradição de que os presidentes norte-americanos não deveriam concorrer a mais de dois mandatos consecutivos, até que essa regra fosse quebrada por Franklin Roosevelt na década de 1930 e formalizada pela 22ª emenda à Constituição, em 1951.

Em um conhecido trecho de seu discurso, Washington mencionou explicitamente que o "espírito de partido" ("*spirit of party*", no original) seria um dos maiores perigos para a estabilidade e a liberdade da nação. Ele alertou que as divisões partidárias poderiam levar a um "espírito de vingança" em que os membros dos partidos não governariam pelo bem do povo, mas pelo poder. Ele também temia que as paixões partidárias fossem exploradas por potências estrangeiras para interferir nos assuntos internos dos Estados Unidos. Washington argumentou que o "espírito de partido" era baseado nos instintos mais baixos da natureza humana e que poderia causar "tumulto e insurreição" se não fosse controlado pela vigilância e pela virtude cívica. Ele implorou aos seus concidadãos que evitassem o ódio e a violência entre os partidos e que preservassem a unidade nacional e o respeito à Constituição. Dado o atual extremo grau de polarização que caracteriza atualmente a política dos Estados Unidos (tema que trataremos mais adiante) e eventos como o esforço russo de interferir nas eleições de 2016 via exploração de divisões domésticas, bem como a invasão ao Capitólio em janeiro de 2020, é impossível não reconhecer a sabedoria das palavras de Washington mais de dois séculos antes desses acontecimentos.

No entanto, apesar dos alertas do primeiro presidente dos Estados Unidos, dada a já mencionada tradição de associativismo no país, os partidos políticos surgiram naturalmente como uma forma de organizar as diferentes visões sobre o papel do governo na sociedade norte-americana. Os primeiros partidos surgiram como facções políticas que divergiam sobre a ratificação da Constituição Federal de 1787 e sobre o papel e o poder do governo federal. Os dois principais partidos que se formaram nessa época foram os Federalistas, liderados por Alexander Hamilton, e os Republicanos (também chamados de Democratas ou Jeffersonianos), liderados por Thomas Jefferson. Os Federalistas defendiam um governo central forte, uma economia baseada no comércio e na indústria e uma política externa pró-Grã-Bretanha. Os Republicanos, por outro lado, defendiam um governo central fraco, uma economia baseada na agricultura e nos direitos dos Estados, e uma política externa pró-França. Os primeiros partidos se manifestaram logo nas eleições do período pós-Washington, quando John Adams (Federalista) derrotou Thomas Jefferson (Republicano) por uma pequena margem de votos, em 1796. Em 1800, Jefferson derrotou Adams em uma eleição muito disputada e controversa. A partir de então, os partidos se consolidaram como forças políticas nacionais e regionais.

O sistema partidário norte-americano passou por diferentes fases ao longo da história. Alguns estudiosos dividem essas fases em seis ou sete "sistemas partidários", cada um com suas características e eventos principais. A chamada "Era das Boas Sensações" ("*Era of Good Feelings*") (1816-1824) foi assim classificada por ter sido considerada um período de relativa harmonia política entre os Republicanos (antigos Jeffersonianos), que dominavam o cenário nacional após a Guerra de 1812. O Federalismo entrou em declínio e não houve uma oposição forte ou organizada. O presidente James Monroe foi reeleito quase por unanimidade em 1820. A "Era Jacksoniana" (1828-1854) foi marcada pela ascensão do Partido Democrata, liderado por Andrew Jackson, que se apresentava como um defensor do povo comum contra as elites políticas e econômicas. Jackson expandiu o sufrágio masculino, vetou a renovação do Banco dos Estados Unidos, enfrentou a crise da Nulificação na Carolina do Sul (uma crise entre esse Estado e o governo federal por conta de discussões sobre direitos de taxação, que quase levou a uma guerra civil) e promoveu a remoção forçada dos índios. Seu principal rival era o Partido Whig, formado por antigos Federalistas e Republicanos que se opunham ao seu estilo autoritário e populista. A "Era da Reconstrução" e do "*Gilded Age*" (1865-1896) foi dominada pelo Partido Republicano que emergiu como o defensor da União e da abolição da escravidão durante a Guerra Civil. Os Republicanos implementaram medidas para proteger os direitos dos negros libertos no Sul durante a Reconstrução, mas também favoreceram os interesses das grandes empresas e das tarifas protecionistas no Norte. Nessa época, os Democratas eram o partido dos imigrantes, dos agricultores e dos sulistas brancos. As eleições eram muito disputadas e frequentemente marcadas por fraudes e violência. A "Era Progressista" (1896-1932) foi caracterizada pelo surgimento de movimentos sociais que buscavam reformar o sistema político e econômico diante dos problemas causados pela industrialização, urbanização e imigração. Os Progressistas defendiam medidas como o sufrágio feminino, a regulação das corporações, a proibição do álcool, a renda mínima e o imposto de renda. O Partido Republicano se dividiu entre os conservadores liderados por William Taft e os progressistas liderados por Theodore Roosevelt, que fundou o Partido Progressista (*Bull Moose*), em 1912. Roosevelt, que já havia sido presidente entre 1901 e 1909, acabou por ser responsável pela pior derrota da história norte-americana de um presidente em busca da reeleição, fazendo com que o então incumbente republicano William Taft ficasse em terceiro lugar no pleito de 1912, com apenas 23,2% dos votos, o que levou a uma folgada eleição do Democrata Woodrow Wilson. Sob a liderança de

Wilson, que implementou reformas domésticas e conduziu os Estados Unidos à Primeira Guerra Mundial, os Democratas foram tornando-se mais progressistas.

A Grande Depressão da década de 1930 teve um grande impacto nos partidos políticos nos Estados Unidos. A crise econômica e social provocada pela quebra da Bolsa de Nova York em 1929 desacreditou o Partido Republicano, que estava no poder desde 1920 e defendia uma política de *laissez-faire* (não intervenção do governo na economia). Em 1932, os eleitores norte-americanos escolheram o candidato democrata Franklin D. Roosevelt (primo de 5° grau de Theodore Roosevelt), que prometeu um "*New Deal*" (Novo Acordo) para combater a depressão. O *New Deal* consistiu em uma série de medidas de intervenção estatal na economia, como obras públicas, regulamentação bancária, assistência social e reforma agrária. O *New Deal* transformou o Partido Democrata no partido dos trabalhadores urbanos, dos negros, dos imigrantes e dos sindicatos. O Partido Republicano gradualmente foi se tornando o partido dos conservadores rurais e das elites empresariais.

A "Era do *New Deal*" e da Guerra Fria (1932-1968) foi, portanto, marcada pela consolidação do Partido Democrata como o partido da coalizão liberal, que apoiava o intervencionismo estatal na economia, os direitos civis das minorias, bem como a política externa anticomunista. Os presidentes democratas Franklin D. Roosevelt, Harry Truman, John F. Kennedy e Lyndon B. Johnson ampliaram o papel do governo federal na promoção do bem-estar social, na defesa dos direitos humanos e na liderança mundial dos Estados Unidos. O Partido Republicano se tornou o partido da coalizão conservadora, que defendia o livre mercado, o isolacionismo nas relações internacionais e a moral tradicional.

Os presidentes republicanos Dwight Eisenhower e Richard Nixon adotaram uma postura mais moderada e pragmática em relação ao *New Deal* e à Guerra Fria.

O ano de 1968 foi um dos mais traumáticos na história dos EUA. A Guerra Fria estava no auge, o país enfrentava protestos pelos direitos civis e a Guerra do Vietnã passava pelo seu pior momento após um ataque surpresa no começo daquele ano. Em abril, Martin Luther King foi assassinado em Memphis, e dois meses depois, Robert Kennedy foi também assassinado em frente às câmeras, logo após ter feito o discurso de vitória nas primárias da Califórnia. Esse ano é considerado o marco do início da "Era da Realinhamento Político" (1968-1992), que foi caracterizada por uma série de mudanças nas bases eleitorais e nas ideologias dos partidos políticos. O Partido Democrata perdeu parte de seu apoio no Sul branco e na classe trabalhadora branca por causa de sua defesa dos direitos civis dos negros, bem como de sua oposição à Guerra do Vietnã nas eleições daquele ano. O Partido Republicano ganhou força nessas regiões e segmentos com a chamada "*Southern Strategy*" (Estratégia Sulista), adotada por Richard Nixon, que explorava os ressentimentos raciais e culturais desses grupos, oferecendo uma plataforma de "lei e ordem" e redução do papel do governo federal em questões locais.

O final da Guerra Fria marcou o início da atual "Era da Polarização Política" (1992-atual), marcada pelo aumento da divisão ideológica entre os partidos políticos e seus eleitores. O Partido Democrata se tornou mais progressista em questões sociais, ambientais e multilaterais, enquanto o Partido Republicano se tornou mais conservador em questões fiscais, militares e nacionalistas. Futuros historiadores provavelmente irão considerar o ano de 2016 como o início de uma nova era partidária, com a transformação do Partido Republicano catalisada pelo trumpismo. Porém, ainda será necessário um grau maior de distância histórica para fazer tal avaliação.

Como dito anteriormente, não há nenhuma palavra na Constituição dos Estados Unidos sobre partidos políticos. Portanto, qualquer pessoa, em tese, pode se candidatar à presidência ou a outros cargos políticos, sem fazer parte de nenhum partido, desde que siga os prazos e exigências dos respectivos Estados. Esse foi o caso, por exemplo, do cantor Kanye West, que se lançou como candidato em 2020. Em muitos casos (de novo, a depender da legislação estadual), o eleitor norte-americano pode optar por escrever o nome de qualquer pessoa na cédula eleitoral – prática conhecida como "*write-in*". Logo, o fato de predominar no país um sistema bipartidário tem mais a ver com incentivos estruturais do que com qualquer tipo de legislação nesse sentido. De fato, existem diversos partidos nos Estados Unidos, tanto a nível federal como local. Dentre os mais de 30 partidos políticos registrados estão o Partido Liberal (fundado em 1971), o Partido Verde (1991), o Partido da Constituição (1992) e até mesmo partidos comunistas, como o Partido Comunista dos Estados Unidos da América, fundado em 1919, e que concorreu às eleições de 1984 com Gus Hall na cabeça de chapa e Angela Davis na vice, e o Partido Comunista Revolucionário dos Estados Unidos, fundado em 1975 e que defende a ditadura do proletariado. Esses partidos, porém, são muito marginais no sistema político do país.

A principal razão para a existência de um sistema bipartidário (Democratas e Republicanos) de fato nos Estados Unidos é o sistema eleitoral majoritário baseado no princípio de "*winner-takes-all*" (o vencedor leva tudo), que favorece os candidatos mais votados em cada estado ou distrito. Por esse sistema, os estados são divididos em distritos eleitorais, e o vencedor de um distrito eleitoral ganha um assento no Congresso (ele leva todos os votos do distrito, por assim dizer). A mesma premissa vale para a eleição presidencial: o candidato que recebe mais votos em um estado leva todos os seus delegados no Colégio Eleitoral. Esse sistema desencoraja a formação de partidos menores ou alternativos, pois eles têm poucas chances de ganhar representação ou influência. Assim, os eleitores tendem a se alinhar com um dos dois grandes partidos, criando uma polarização política. Por exemplo, se a eleição para o Congresso nos Estados Unidos fosse feita por um sistema de votação proporcional, um candidato de um partido menor que obtivesse, digamos, 10% dos votos, poderia ter chances de conseguir alguma representação. Isso estimularia eleitores a votar nesse candidato, mesmo sabendo que ele não teria uma grande quantidade de votos. No sistema *winner-takes all*, em que apenas o mais votado em cada distrito é eleito, um voto nesse candidato seria completamente desperdiçado. Então, um potencial eleitor desse candidato tende a gravitar em torno de um dos candidatos dos principais partidos, que possuem chances reais de serem eleitos. Isso tende a levar a um círculo vicioso, já que os partidos menores tendem a receber menos doações, o que dificulta suas organizações. Os partidos políticos nos Estados Unidos dependem principalmente de doações privadas para financiar suas campanhas e suas atividades e não contam com recursos públicos, como é o caso do Brasil e de muitos países europeus. Isso dá uma vantagem aos dois grandes partidos, que têm mais recursos e mais apoio de grupos de interesse e de mídia.

A tradição histórica de bipartidarismo remonta à própria fundação dos Estados Unidos como nação independente. Como mencionado anteriormente, os dois primeiros partidos políticos norte-americanos foram o Partido Federalista e o Partido Democrata-Republicano, formados na década de 1790 por diferenças ideológicas entre os líderes da Revolução Norte-Americana. Desde então, houve várias mudanças nos nomes e nas plataformas dos partidos, mas sempre houve uma polarização entre duas forças políticas principais: uma mais conservadora e outra mais progressista. O Partido Democrata tem suas origens no Partido Democrata-Republicano, fundado por Thomas Jefferson em 1792. Esse partido defendia um governo federal limitado e mais autonomia para os estados. Com o tempo, ele se dividiu em várias facções, até que uma delas adotou o nome de Partido Democrata em 1828, durante a "Era Jacksoniana". Esse partido era apoiado principalmente pelos agricultores do Sul e do Oeste, que defendiam a escravidão e a expansão territorial. O Partido Republicano surgiu em 1854, como uma coalizão de vários grupos políticos que se opunham à escravidão e ao expansionismo dos Democratas. Esse partido era apoiado principalmente pelos industriais e comerciantes do Norte e do Leste, que defendiam um governo federal forte e a preservação da União. O primeiro presidente republicano foi Abraham Lincoln, eleito em 1860.

A Guerra Civil norte-americana (1861-1865), o conflito mais sangrento da história dos Estados Unidos, marcou a consolidação do bipartidarismo. Os Republicanos venceram a guerra e aboliram a escravidão, mas enfrentaram a resistência dos Democratas no Sul durante a Reconstrução. Os dois partidos se alternaram no poder nas décadas seguintes, mas mantiveram suas bases eleitorais até meados do século XX. Foi a partir da década de 1930, com a crise econômica da Grande Depressão e as reformas sociais do *New Deal*, iniciadas pelo presidente Democrata Franklin Roosevelt, que os dois partidos começaram a mudar suas posições ideológicas. Os Democratas passaram a defender um maior intervencionismo estatal na economia e nos direitos civis das minorias, enquanto os Republicanos passaram a defender um menor intervencionismo estatal na economia, reagindo contra o que viam como excesso de poder concentrado no nível federal. Essas mudanças levaram a uma reconfiguração das bases eleitorais dos dois partidos nas últimas décadas. Os Democratas passaram a ter mais apoio nas grandes cidades, nas regiões costeiras e entre os jovens, as mulheres, os negros, os hispânicos e outros grupos minoritários. Os Republicanos passaram a ter mais apoio nas áreas rurais, nas regiões centrais e entre os homens brancos de maior renda e escolaridade. Esse cenário, no entanto, começou a apresentar algumas mudanças nas primeiras décadas do século XXI, com os Republicanos atraindo eleitores de menor renda e escolaridade a partir da ascensão do trumpismo em 2016.

A organização dos partidos políticos nos Estados Unidos se dá nos níveis nacional, estadual e local. Cada nível tem sua própria estrutura e autonomia para definir suas regras internas, seus candidatos e suas plataformas eleitorais. No entanto, há uma certa coordenação entre os diferentes níveis para garantir a unidade e a coerência do partido. No nível nacional, cada partido tem um comitê que é a espinha dorsal da estrutura partidária, responsável por arrecadar fundos, organizar convenções, elaborar programas e apoiar candidatos a cargos federais. O comitê nacional é composto por representantes de cada estado e de cada território. No nível estadual, cada partido tem um comitê que é responsável por arrecadar fundos, organizar primárias ou *caucus*, elaborar programas e apoiar candidatos a cargos estaduais e locais. O comitê estadual é composto por representantes de cada condado ou distrito. No nível local, cada partido tem um comitê que é responsável por arrecadar fundos, organizar eventos, mobilizar eleitores e apoiar candidatos a cargos municipais ou distritais. O comitê local é composto por representantes de cada bairro ou seção eleitoral.

Além dos comitês partidários em cada nível, os partidos políticos nos Estados Unidos também contam com outras organizações que representam grupos específicos dentro do partido. Por exemplo, o Partido Republicano tem organizações como o *Republican National Hispanic Assembly* (que representa os hispânicos republicanos), o *Log Cabin Republicans* (que representa os LGBT republicanos), o *Republican Liberty Caucus* (representante dos libertários republicanos) e o *Republican Jewish Coalition.* O Partido Democrata tem organizações como o *Congressional Black Caucus* (que representa os negros democratas), o *Democratic Socialists of America* (que representa os socialistas democratas), o *College Democrats of America* (que representa os estudantes universitários democratas) e o *National Stonewall Democrats* (que representa os LGBT democratas). Essas organizações afiliadas aos partidos políticos nos Estados Unidos desempenham um papel importante na mobilização de eleitores, na formação de lideranças, na elaboração de propostas e na fiscalização de políticas públicas. No entanto, essas organizações também podem gerar conflitos e divisões internas nos partidos. Às vezes, elas podem ter posições diferentes ou opostas às do partido em questões polêmicas ou estratégicas. Dado o sistema bipartidário nos Estados Unidos, o grande desafio dos partidos é equilibrar as demandas e as expectativas de seus diferentes grupos internos e externos, sem perder a identidade e a coerência partidária.

2.2 O sistema de primárias

"Primárias" nada mais são do que um método de escolha de candidatos de um determinado partido para concorrer às eleições. Na maior parte dos países democráticos, essa escolha é feita pelas lideranças partidárias, eventualmente consultando a militância. No caso do Brasil, por exemplo, a maioria dos partidos não tem primárias (alguns até tentam ter, outros nem isso). Basicamente os líderes se reúnem e anunciam quem será seu candidato. Até 1968, esse era mais ou menos o sistema nos Estados Unidos. No entanto, como dito anteriormente, 1968 foi um dos anos mais traumáticos na história dos EUA, com uma violenta guerra no campo externo e convulsão social no campo doméstico. Até aquele ano, apenas em 14 dos 50 estados norte-americanos os partidos faziam primárias para consultar os eleitores. Além de Robert Kennedy, Eugene McCarthy e outros dois candidatos disputaram as primarias do Partido Democrata nesses Estados. Com o assassinato de Kennedy, Eugene McCarthy saiu-se o vencedor desses certames, mas não levou. Hubert Humphrey, vice-presidente de Johnson, que não havia disputado nenhuma primária, foi escolhido pelo partido na convenção, com o apoio do então presidente. A campanha de Humphrey foi concentrada no jogo de bastidores, buscando angariar apoio da elite política do partido. Os partidários de McCarthy se revoltaram com a escolha. A Convenção Democrata de 1968 em Chicago acabou por se tornar a mais confusa e violenta da história dos Estados Unidos.

Por conta desse contexto, os Democratas decidiram reformar as regras para seleção dos seus candidatos. A chamada "Comissão McGovern–Fraser" foi responsável por estabelecer as novas regras, o que incluiu a exigência de que a seleção dos delegados deveria ser aberta, ou seja, líderes partidários não mais poderiam selecionar delegados em segredo. Assim, 1976 foi o primeiro ano em que tivemos primárias similares aos moldes atuais. Os Republicanos logo fizeram reformas semelhantes, mas como estavam no poder, elas só foram adotadas a partir de 1976. O primeiro beneficiado pela "Comissão McGovern–Fraser" foi o próprio senador McGovern, que liderou a comissão e foi o candidato do Partido Democrata em 1972. McGovern era visto como muito radical para os padrões da época e acabou por tomar uma das piores lavadas eleitorais da história dos Estados Unidos ao perder a eleição para o incumbente Richard Nixon por 17 a 520 votos no Colégio Eleitoral.

Com essas reformas, os líderes partidários foram gradualmente perdendo poder, e as primárias acabaram virando uma "eleição antes da eleição". Em 1976, os Democratas selecionaram um até então desconhecido Jimmy Carter como candidato, que possivelmente jamais seria nomeado pelo antigo sistema. A partir de meados dos anos 80, os partidos aprenderam a jogar esse jogo e a manter um certo controle (via dinheiro, apoios etc.) sobre o processo, o que alguns especialistas passaram a chamar de "primárias invisíveis". Os candidatos selecionados acabavam sendo de alguma forma chancelados pelo *establishment* do partido. Esse sistema, pelo menos do lado republicano, implodiu em 2016, quando Donald Trump foi nomeado candidato não apenas sem ter praticamente nenhum apoio na elite do partido, como enfrentando oposição de todos os ex-candidatos presidenciais republicanos. As primárias republicanas de 2016 deixaram claro que os seus líderes tinham perdido completamente o controle sobre o processo de nomeação.

A forma como o sistema de primárias nos Estados Unidos acontece é uma outra particularidade que afeta a seleção dos candidatos dos partidos. Como cada Estado tem autonomia para determinar como as primárias serão feitas, incluindo o calendário de votação, cada Estado tem primárias em datas diferentes. Tal característica significa que o primeiro Estado a realizar as primárias ganha um importante peso, dado que uma vitória significa uma enorme atenção midiática em um momento crucial da campanha, o que costuma catapultar candidaturas. E, tradicionalmente, o Estado que inaugura oficialmente a temporada de primárias partidárias nos Estados Unidos é o pequeno e predominantemente rural estado de Iowa. Isso significa que, apesar de possuir pouco peso da matemática final em termos de delegados, Iowa acaba por ter um peso desproporcional no processo político do país. Uma máxima conhecida sobre as primárias nos Estados Unidos é: Iowa não é o primeiro estado a votar porque é o mais importante, é o mais importante porque é o primeiro. Isso é levado tão a sério que a Assembleia Legislativa estadual aprovou uma lei determinando que as primárias lá devem acontecer pelo menos oito dias antes de qualquer outro estado.

Desde que Jimmy Carter venceu em Iowa em 1976 e acabou levando a nomeação pelo Partido Democrata, ficou claro para os candidatos a importância de vencer lá. Em 2004, por exemplo, o favorito para a nomeação pelo Partido Democrata era Howard Dean, mas quando John Kerry, de quem pouco se falava até então, venceu em Iowa, a situação mudou drasticamente: Dean foi perdendo musculatura e Kerry acabou nomeado. Em 2008, Hillary era favoritíssima, mas a vitória de Obama em Iowa virou o jogo, convencendo muitos Democratas que estavam até então reticentes sobre viabilidade de sua candidatura. Enquanto candidatos que eventualmente apareçam como surpresa podem ter um importante impulso para o restante da campanha com uma vitória em Iowa, favoritos que têm desempenho aquém do esperado podem enfrentar problemas. Em 2016, muitos Republicanos apostavam em Jeb Bush, mas seu pífio desempenho em Iowa, ficando em um humilhante sexto lugar, ajudou a sepultar sua candidatura. Naquele mesmo ano, a vitória apertada de Hillary sobre Bernie Sanders nas primárias Democratas em Iowa serviu para lançar desconfianças sobre sua campanha, e ela acabou sofrendo para conseguir uma nomeação que inicialmente parecia fácil.

Uma curiosidade é que Iowa não usa urnas para escolher seus candidatos. É usado o sistema de "*caucus*", que é basicamente o equivalente a uma reunião de bairro. O sistema é altamente arcaico. Eleitores reúnem-se em espaços como escolas, ginásios, igrejas e bibliotecas, discutem suas opções e votam. Em alguns locais, uma placa com o nome do candidato é instalada em cada canto do lugar, e as pessoas fisicamente se colocam debaixo da placa do escolhido. Um oficial do partido conta quantos se colocaram em cada canto, o candidato que não conseguir pelo 15% dos votos é eliminado, e faz-se uma nova rodada de votos. Em algumas ocasiões, até mesmo um "cara-ou-coroa" já chegou a ser usado para decidir o vencedor. Como o processo exige a presença física dos eleitores e a disposição de debater por horas, o comparecimento costuma ser baixo. Isso significa que os pré-candidatos que vencem em Iowa não costumam levar mais do que cerca de 50 mil votos, o que significa que um punhado de plantadores de milho reunidos numa igreja tem um peso desproporcional na escolha do candidato à presidência do país mais poderoso do mundo.

2.3 O Presidente da República

Ninguém duvida que atualmente a presidência dos Estados Unidos é um dos cargos mais poderosos do mundo. Tal afirmação, tão óbvia nos dias de hoje, seria encarada com alguma surpresa pelos elaboradores da Constituição. Por um lado, o país que surgia a partir da convenção constitucional de 1787 era uma nação marginal dentro do jogo de poder global da época, concentrado na Europa. Por outro lado, os próprios pais fundadores deliberadamente evitaram criar um Poder Executivo demasiadamente centralizado, esforçando-se ao máximo para preservar a autonomia dos estados. Por isso, a Constituição de 1787 estabeleceu um sistema de separação de poderes entre o presidente, o Congresso e a Suprema Corte. O presidente tinha poucas atribuições e dependia do apoio do Congresso para governar. Além disso, como vimos, o presidente era eleito indiretamente por um colégio eleitoral formado por representantes dos estados. No entanto, essas duas variáveis – a fraqueza do país no nível externo, e a fraqueza do presidente no nível doméstico, mudaram consideravelmente ao longo dos anos. No próximo capítulo, trataremos do primeiro aspecto. Nesta seção, pretendo explorar rapidamente como a presidência foi gradualmente concentrando mais poder ao longo do tempo.

Em linhas gerais, foi apenas ao longo do século XX que o poder federal foi ganhando mais proeminência. Porém, um marco importante nesse sentido foi um acontecimento da segunda metade do século XIX. A Guerra de Secessão (1861-1865) acabou com a tentativa dos estados do Sul de se separarem da união e impôs a abolição da escravidão em todo o país. Com isso, o governo federal reafirmou sua autoridade sobre os estados rebeldes e promoveu a reconstrução econômica e social do Sul. No entanto, as transformações mais relevantes ocorreram ao longo do século XX, coincidindo com a ascensão dos Estados Unidos enquanto grande potência global. As duas guerras mundiais e a Guerra Fria foram certamente fatores decisivos nesse sentido, ao exigirem uma maior coordenação e intervenção do governo federal na defesa nacional, na política externa e na economia. O aumento dos gastos militares e sua manutenção em patamares relativamente elevados tornou-se uma característica permanente dos Estados Unidos com o início da Guerra Fria, em particular após a Guerra da Coreia, em 1950. No período entreguerras, a crise de 1929 e o *New Deal* acabaram por levar a uma maior regulação federal do mercado financeiro, da indústria e do comércio, além de programas sociais de assistência aos desempregados e aos pobres. No período pós-Segunda Guerra, o movimento pelos direitos civis foi um importante marco no sentido de concentrar mais poder na presidência, dado que exigiu que o governo federal interviesse nos estados do sul que resistiam em cumprir as leis federais que garantiam a igualdade racial. O governo federal usou seu poder para enviar tropas, juízes e agentes federais para proteger os direitos dos negros e punir os violadores. Isso aumentou a autoridade do governo federal sobre os estados e reduziu a autonomia dos governos locais. Finalmente, o desenvolvimento dos meios de comunicação de massa permitiu ao presidente se comunicar diretamente com a população e aumentar sua influência e legitimidade.

Entretanto, como vimos, o presidente ainda está sujeito aos limites impostos pela Constituição e pelos outros poderes. O Congresso pode rejeitar ou modificar suas propostas legislativas, investigar seus atos e até mesmo destituí-lo por meio do *Impeachment*. Por exemplo, o Congresso concedeu maior poder ao presidente tanto na Segunda Guerra Mundial, como na Guerra do Vietnã, mas com o desfecho desse último conflito, limitou esses poderes com o "*War Powers Act*", de 1973. A lei exigia que o presidente notificasse o Congresso após enviar as forças armadas e limitava o tempo que elas poderiam permanecer engajadas sem a aprovação do Congresso. O presidente Richard Nixon vetou a lei, mas o Congresso derrubou seu veto. Além dessas limitações ao poder da presidência, a Suprema Corte pode declarar inconstitucionais suas decisões ou leis que ele tenha sancionado. Por exemplo, em 1974 a Suprema Corte declarou inconstitucional a reivindicação do presidente Richard Nixon de que ele tinha um privilégio executivo absoluto para se recusar a entregar as gravações das conversas na Casa Branca relacionadas ao escândalo Watergate. A Corte determinou que o interesse da justiça prevalecia sobre o interesse do presidente em manter suas comunicações confidenciais. Em 1996, a Suprema Corte declarou inconstitucional a Lei de Zonas Escolares Livres de Armas (*Gun-Free School Zones Act*), que proibia o porte de armas em áreas próximas às escolas. A Corte entendeu que essa lei excedia o poder do Congresso de regular o comércio interestadual e invadia a competência dos estados.

Apesar das diversas limitações, o presidente dos Estados Unidos detém um considerável poder como chefe de Estado, de governo e comandante-em-chefe das Forças Armadas do país mais influente globalmente. Suas atribuições abrangem a nomeação de juízes federais, embaixadores e secretários de Estado, além de possuir a prerrogativa de vetar leis aprovadas pelo Congresso e emitir ordens executivas e decretos de emergência. Ele também desempenha um papel crucial na negociação de tratados e acordos internacionais, bem como na concessão de indultos e comutações. Adicionalmente, o presidente exerce influência sobre a opinião pública, a agenda política e a mídia. No entanto, o ocupante do cargo está sujeito aos princípios do federalismo e da separação de poderes estabelecidos pela Constituição, o que implica o respeito aos direitos e competências dos estados e governos locais, a necessidade de aprovação do Senado para confirmação de nomeações e ratificação de tratados, e a possibilidade de enfrentar oposição do Congresso, incluindo a derrubada de seus vetos, restrição orçamentária e até mesmo um processo de impeachment. Além disso, o presidente deve acatar as decisões da Suprema Corte, que tem autoridade para declarar inconstitucionais suas leis e ações. A complexidade é agravada pela necessidade de lidar com os interesses conflitantes dos diversos grupos sociais, econômicos e políticos presentes na sociedade norte-americana. Assim, o presidente dos Estados Unidos exerce um poder significativo, porém limitado pela Constituição e pelos princípios democráticos. Seu sucesso depende não apenas de sua vontade pessoal, mas também de sua habilidade em negociar, persuadir e cooperar com os demais atores do sistema político norte-americano.

2.4 O Vice-Presidente

O processo de primárias descrito acima tem como objetivo selecionar o candidato a presidente. Como então é selecionado o candidato a vice? O processo é bastante diferente, dado que normalmente a seleção do vice ocorre apenas após a confirmação do candidato vitorioso do sistema de primárias. Ao longo do tempo, a seleção do candidato a vice-presidente foi mudando consideravelmente. Para se ter uma ideia, segundo originalmente escrito na Constituição dos Estados Unidos, o vice-presidente deveria ser o segundo colocado nas eleições do Colégio Eleitoral. Não demorou muito para perceberem que essa era uma péssima ideia, pois muitas vezes o presidente e o vice-presidente eram ferrenhos adversários políticos. Em 1796, por exemplo, logo após o fim do mandato de George Washington, John Adams foi eleito presidente e o 2º colocado, seu arquirrival Thomas Jefferson, ficou como vice. Imagine, por exemplo, que se essa regra ainda estivesse em vigor: em 2016 o governo seria composto por Donald Trump na presidência e Hillary Clinton como vice.

Para evitar essa situação, a 12ª Emenda foi ratificada em 1804, o que significava que o Colégio Eleitoral votaria separadamente para presidente e vice. Desde então, os partidos passaram a estruturar suas chapas de maneira estratégica, incluindo candidatos de diferentes regiões. Esta escolha era feita pelas elites partidárias, antes que os processos de primárias abertas, como os que conhecemos hoje, tivessem sido criados. Muitas vezes, o presidente e o vice-presidente não tinham uma relação próxima. Um exemplo é o caso de Theodore Roosevelt e Charles Fairbanks, que foram escolhidos pelo Partido Republicano em 1904. Roosevelt nunca teve uma boa relação com Fairbanks, e quando o primeiro deixou a presidência, ele apoiou outro candidato, William Howard Taft, em vez do seu vice-presidente. Outro exemplo clássico de relações complicadas entre presidente e vice foi John Kennedy e Lyndon Johnson, que assumiu após a sua morte.

Com o sistema de primárias abertas, a escolha do vice--presidente passou a ser quase uma decisão pessoal do candidato. O primeiro vice-presidente moderno, nesse sentido, foi Walter Mondale, escolhido por Jimmy Carter em 1976. Carter e Mondale desenvolveram uma relação próxima que perdurou até a velhice. Mesmo com essa proximidade pessoal entre presidente e vice, ainda existia a preocupação de equilibrar a chapa, com candidatos de regiões e ideologias diferentes. Por exemplo, Carter era do Sul e Mondale do Meio-Oeste. Carter era mais conservador enquanto Mondale era mais liberal.

No entanto, essa preocupação em equilibrar a chapa foi abolida com Bill Clinton em 1992. Todos esperavam que ele escolhesse o governador de Nova York, Mario Cuomo, que era o favorito para as primárias, mas ele escolheu Al Gore, que, como Clinton, era da região sul e de uma ala mais conservadora do Partido Democrata. Normalmente, os vice-presidentes são selecionados pouco antes da convenção do partido que serve atualmente para sacramentar o candidato escolhido nas primárias. Em 2000, George W. Bush e Al Gore anunciaram seus vices dois dias antes da convenção, enquanto em 2016, Hillary Clinton e Donald Trump anunciaram os seus três dias antes.

Atualmente, a ideia de que o vice-presidente deve ter um equilíbrio geográfico-ideológico tem perdido força para a ideia de que ele deve ser um parceiro, muitas vezes para compensar alguma característica do candidato cabeça de chapa, como uma percebida falta de experiência. Por exemplo, Bush escolheu Dick Cheney, que estava afastado da política, como seu vice-presidente em 2000, enquanto Obama escolheu o experiente Joe Biden, do pequeno estado de Delaware, em 2008. Já quando Biden foi candidato em 2020, aos 78 anos, ele selecionou a relativamente inexperiente e jovem Kamala Harris, como forma de acenar para a diversidade demográfica do Partido Democrata em particular, e do país como um todo.

2.5 O Congresso

A separação do Congresso em duas casas – Câmara e Senado – adotada em tantos países que possuem sistema bicameral semelhante, foi também uma ideia original dos constituintes de 1787. Como muitos outros aspectos da Constituição norte-americana, a inspiração veio da antiga metrópole. É importante lembrar que os pais fundadores se inspiraram na Inglaterra em vários aspectos, pois eles eram originalmente colonos britânicos que lutaram pela independência. Ainda que críticos do Absolutismo e do Colonialismo, eles admiravam a tradição parlamentar inglesa, a Magna Carta, o *habeas corpus* e a *Bill of Rights*. Eles também se basearam em filósofos ingleses como John Locke e Thomas Hobbes para defender os direitos naturais, o contrato social e a separação de poderes. Thomas Jefferson reconheceu que se inspirou em Locke e em outros filósofos iluministas durante a elaboração da Declaração de Independência em 1776 para defender os direitos naturais dos indivíduos e o governo baseado no consentimento dos governados. De fato, alguns trechos da Declaração são tão semelhantes ao Segundo Tratado sobre o Governo Civil de Locke, que muitos chegaram a acusar Thomas Jefferson de plágio.

Da mesma forma, a inspiração para o modelo bicameral que os constituintes acabaram por adotar veio da Inglaterra, que tinha a Câmara dos Comuns e a Câmara dos Lordes. No entanto, eles trouxeram importantes inovações para adaptar esse sistema à república federativa que estavam criando. Na Inglaterra, a adoção do modelo bicameral no século XIV foi feita em reconhecimento da distinção entre a nobreza e o clero e o povo comum. Assim, a Câmara dos Comuns representava os interesses dos burgueses e dos proprietários rurais, enquanto a Câmara dos Lordes representava os interesses da aristocracia e da Igreja. Evidentemente, o cenário norte-americano era bastante distinto. A criação de uma Câmara dos Representantes e de um Senado (nome inspirado no Senado romano, que seria a assembleia dos sêniores e dos mais sábios e experientes membros da sociedade) foi uma forma engenhosa de resolver o conflito entre os estados grandes e os pequenos sobre a representação no Congresso. A Câmara seria proporcional à população de cada estado, favorecendo os mais populosos, enquanto o Senado seria igualitário, com dois senadores por estado, favorecendo os menos populosos. A ideia era que o Senado fosse uma Câmara de revisão e de equilíbrio dos interesses dos estados federados, que teriam representação igualitária independentemente do tamanho ou da população. Esse foi um dos principais compromissos da Convenção Constitucional.

Atualmente, o Senado tem 100 membros, dois de cada um dos 50 estados. Os senadores são eleitos para mandatos de seis anos, e tem algumas funções exclusivas, como aprovar tratados internacionais, confirmar nomeações presidenciais e julgar processos de *Impeachment*. A Câmara dos Representantes conta atualmente com 435 membros, que são distribuídos entre os estados de acordo com sua população. Os representantes são eleitos para mandatos de dois anos. Dentre as funções da Câmara estão: iniciar projetos de lei sobre impostos, iniciar processos de *Impeachment* e escolher o presidente em caso de empate no Colégio Eleitoral. O fato de a Câmara ter eleições a cada dois anos, ao passo que as eleições presidenciais são realizadas a cada quatro anos criou o fenômeno das "eleições de meio de mandato" (*midterm elections*) quando o presidente, na metade de seu mandato, pode ver o seu partido perder ou ganhar assentos (historicamente, a tendência é o partido do presidente perder assentos em *midterms*).

O número de representantes no Congresso dos Estados Unidos mudou ao longo do tempo por vários motivos, como o crescimento populacional, a expansão territorial e as mudanças constitucionais. Quando a Constituição entrou em vigor em 1789, o primeiro Congresso dos Estados Unidos tinha 65 representantes na Câmara e 26 senadores no Senado. Desde então, o número de representantes no Congresso aumentou à medida que novos estados foram admitidos na União e a população do país cresceu. A Constituição determina que o número de representantes na Câmara seja definido por lei federal e que cada estado tenha pelo menos um representante. O número máximo de representantes na Câmara é fixado em 435 desde 1929, quando a chamada Lei de Reapropriação estabeleceu um limite. A razão para o estabelecimento dessa lei foi evitar que a Câmara se tornasse muito grande e difícil de administrar. Além disso, alguns estados temiam perder poder político se o número de representantes aumentasse proporcionalmente à população. A lei também foi uma forma de resolver um impasse entre os partidos Republicano e Democrata sobre como reapropriar os assentos após o censo de 1920. A distribuição dos assentos na Câmara é baseada no censo nacional realizado a cada dez anos. Então, alguns estados podem perder representantes e outros ganhar, a depender do crescimento, ou decrescimento, populacional, sempre mantendo o número máximo de 435. O número de senadores no Senado também aumentou com a admissão de novos estados, mas permaneceu constante desde 1959, quando o Alasca e o Havaí se tornaram os últimos estados a ingressar na União.

Uma das principais atribuições do Congresso norte-americano é o chamado "*power of the purse*" ("poder da bolsa"), ou seja, o poder de controlar os gastos públicos e fiscalizar a execução orçamentária do governo federal. Esse poder é derivado da Constituição dos Estados Unidos, que estabelece que "nenhum dinheiro será retirado do Tesouro senão em consequência de leis de apropriação feitas por lei" (Artigo I, Seção 9). O Congresso tem o dever de aprovar anualmente o orçamento federal, que define as receitas e despesas da União, bem como autorizar ou rejeitar as solicitações do presidente para fundos suplementares ou emergenciais. Além disso, o Congresso pode impor restrições ou condições ao uso dos recursos alocados às agências federais, e pode realizar audiências e investigações para verificar se os gastos estão de acordo com as leis e os interesses públicos.

O "*power of the purse*" é uma ferramenta importante para o equilíbrio de poderes entre os ramos Legislativo e Executivo nos Estados Unidos. Ele permite que o Congresso limite ou influencie as políticas e ações do presidente e dos órgãos federais, bem como proteja os direitos e as liberdades dos cidadãos. Por exemplo, o Congresso pode negar ou reduzir os fundos para programas ou iniciativas que considere inadequados ou prejudiciais ao país, como guerras, projetos ambientais ou sociais. O Congresso também pode usar o seu poder de fiscalização para expor casos de corrupção, desperdício ou abuso de autoridade no governo federal. No entanto, o "*power of the purse*" também enfrenta desafios e limitações na sua efetividade. Um deles é a complexidade e a magnitude do orçamento federal, que dificulta o acompanhamento detalhado e a avaliação dos resultados dos gastos públicos pelo Congresso. Outro é a resistência ou a recusa do presidente ou das agências federais em cumprir as leis ou as normas estabelecidas pelo Congresso sobre o uso dos recursos. Um terceiro é a polarização política entre os partidos Democrata e Republicano no Congresso, que muitas vezes impede um consenso sobre as prioridades orçamentárias e leva a impasses ou paralisações do governo. Por exemplo, em janeiro de 2019, um impasse entre o presidente Donald Trump e os congressistas democratas sobre o financiamento de um muro na fronteira com o México levou a uma paralização de 35 dias. Trump exigiu US$ 5,7 bilhões para construir o muro, mas os democratas se recusaram a aprovar esse valor no orçamento. Como resultado, cerca de 800 mil funcionários públicos ficaram sem receber seus salários por mais de um mês. Muitos serviços essenciais foram afetados, como segurança aérea, inspeção de alimentos e parques nacionais. O impasse só terminou mais de um mês depois, quando Trump anunciou um acordo temporário para reabrir o governo por três semanas e negociar uma solução para a questão do muro. Depois das três semanas, o governo dos EUA foi reaberto em fevereiro de 2019, após

Trump assinar uma lei que previa US$ 1,375 bilhão para a construção de barreiras físicas na fronteira com o México, um valor consideravelmente menor do que o exigido inicialmente.

2.6. O Judiciário

Assim como outros órgãos mencionados até agora, a Suprema Corte é também uma criação original dos "pais fundadores". Ainda que a ideia de tribunais independentes dos poderes Executivo e Legislativo já viesse desde que Montesquieu publicou "O Espírito das Leis" em 1748, a criação de uma corte suprema que tem poder para julgar a constitucionalidade das leis é mais um produto *made in USA*. A Constituição dos Estados Unidos, ratificada em 1788, estabeleceu o Poder Judiciário como um dos três ramos do governo federal, junto com o Executivo e o Legislativo. A Constituição também garantiu a independência do Poder Judiciário em relação aos outros poderes, ao determinar que os juízes federais fossem nomeados pelo presidente com a aprovação do Senado e que tivessem mandato vitalício e aposentadoria voluntária.

Já em 1803, no caso Marbury v. Madison, a Suprema Corte declarou pela primeira vez a inconstitucionalidade de uma lei do Congresso, consolidando em definitivo o princípio da supremacia da Constituição e da revisão judicial. Desde então, o Poder Judiciário tem exercido um papel fundamental na interpretação e na aplicação da Constituição e das leis federais nos Estados Unidos, o que serviu de modelo e inspiração para diversos outros países. A Suprema Corte é o único tribunal requerido pela Constituição norte-americana.

Outros órgãos administrativos no âmbito do Poder Judiciário podem ser criados pelo Congresso ou por parlamentos estaduais.

Uma questão central que não foi definida pela Constituição dos Estados Unidos foi o número de juízes que deveriam compor a Suprema Corte. Tal número é, portanto, estabelecido pelo Congresso. O primeiro Congresso dos Estados Unidos determinou, em 1789, que a Suprema Corte teria seis juízes: um chefe de justiça e cinco juízes associados. John Jay, um dos autores dos Artigos Federalistas e um dos líderes da Revolução norte-americana, tornou-se o primeiro chefe de justiça. Ao longo do século XIX, o número de juízes da Suprema Corte variou entre cinco e dez. Em 1869, o Congresso fixou o número atual de nove juízes: um chefe de justiça e oito juízes associados. Desde então, o número de juízes permanece o mesmo.

Com alguma frequência, debates sobre mudanças no número de juízes que compõem a Suprema Corte emergem nos Estados Unidos. Em 1937, após ser eleito para um segundo mandato e com uma grande maioria no Congresso, Franklin Roosevelt tentou aumentar o número de juízes na Suprema Corte, já que estava insatisfeito com as decisões da corte que considerava contrárias às suas políticas de combate à Grande Depressão. A proposta de Roosevelt era nomear um novo juiz para cada integrante da Suprema Corte que tivesse mais de 70 anos de idade. Caso a medida fosse levada adiante, ele poderia nomear seis novos membros, aumentando o número de juízes do tribunal para 15. Ele argumentava que isso era necessário para modernizar e agilizar a corte. No entanto, a proposta enfrentou forte oposição tanto dos republicanos quanto de alguns democratas, que a viam como uma tentativa de interferir na independência do Judiciário e garantir uma maioria favorável às suas ideias. A proposta acabou sendo arquivada pelo Congresso e nunca foi implementada. Desde então, esse tem sido um tema politicamente sensível. Após a nomeação de vários juízes conservadores, alguns democratas começaram a pressionar para que o número de juízes da Suprema Corte fosse aumentado. Em 2021, a administração Biden criou uma comissão de especialistas para estudar essa possibilidade, mas não anunciou nenhuma decisão oficial.

Um exemplo recente de decisão da Suprema Corte dos Estados Unidos que gerou controvérsia foi a reversão, no ano de 2022, da histórica decisão conhecida como Roe *versus* Wade, emitida em 22 de janeiro de 1973, na qual a Corte derrubou uma lei do Texas que proibia o aborto, efetivamente legalizando o procedimento em todo o país. A decisão baseou-se no princípio de que a Constituição dos Estados Unidos protege a liberdade da mulher grávida de escolher ter um aborto. A decisão estabeleceu ainda que no primeiro trimestre da gravidez, a mulher tem um direito absoluto ao aborto; no segundo trimestre, o Estado poderia regular o aborto para proteger a saúde da mulher; e no terceiro trimestre, o Estado poderia proibir o aborto, exceto se necessário para salvar a vida ou a saúde da mulher. O caso começou em 1970 quando "Jane Roe" – um nome fictício usado para proteger a identidade da autora, Norma McCorvey (1947-2017) – entrou com uma ação federal contra Henry Wade, o promotor do condado de Dallas, Texas, onde Roe residia.

A decisão de Roe *versus* Wade teve um impacto profundo na política norte-americana, polarizando grande parte da nação em campos "pró-vida" e "pró-escolha". A decisão também gerou uma série de desafios legais e legislativos ao longo dos anos, tanto em nível estadual quanto federal, buscando restringir ou ampliar o acesso ao aborto. Apesar do significativo apoio público no início dos anos 1970, houve uma oposição generalizada, especialmente entre aqueles associados à direita cristã. Esse acabou por tornar-se um dos momentos-chave para a mobilização de grupos religiosos na política dos Estados Unidos, que passaram a se articular para apoiar candidatos que prometiam reverter ou limitar a Roe *versus* Wade e nomear juízes conservadores para a Suprema Corte. Tal estratégia mostrou-se bem-sucedida quando, em 2022, uma Suprema Corte com maioria de juízes de inclinação conservadora indicados por presidentes Republicanos derrubou a Roe *versus* Wade e deixou para os estados decidirem sobre a legalidade do aborto. O caso que acabou levando a Suprema Corte a rever essa decisão foi quando um tribunal federal se baseou nela para considerar inconstitucional uma lei do estado do Mississippi que proibia o aborto após 15 semanas de gestação, exceto em casos de emergência médica ou anomalia fetal grave. O estado do Mississippi recorreu à Suprema Corte, que aceitou ouvir o caso em 2021 e proferiu sua decisão em 2022. A Suprema Corte decidiu por 6 votos a 3 que a lei do Mississippi era constitucional e que a Roe *versus* Wade deveria ser derrubada.

Dentre os argumentos da Corte para derrubar a decisão estavam o fato de que a Constituição dos Estados Unidos não faz menção específica ao direito ao aborto, portanto, ele não seria um direito fundamental protegido pela cláusula do devido processo da 14ª Emenda, e de que aquela teria sido uma decisão que violou o princípio da soberania dos estados, que deveriam ter a autoridade para regular o aborto de acordo com os interesses e valores de seus cidadãos. Desde então, vários estados têm proposto legislação no sentido de criminalizar totalmente o aborto.

Capítulo 3
De Truman a Trump: As Transformações da Grande Potência

Para entender o papel e os desafios enfrentados pelos Estados Unidos nesse século XXI, é importante compreendermos o período que marca a ascensão desse país enquanto superpotência global. A Primeira Guerra Mundial, de certa forma, pode ser considerada como a "estreia" dos Estados Unidos enquanto uma potência global em um mundo que ainda era dominado pela hegemonia europeia. Até a Primeira Guerra Mundial, os Estados Unidos eram um país relativamente isolado dos temas globais, e que se viam sobretudo como uma potência regional, tendo consolidado essa posição ao longo do século XIX. Um marco importante nesse período foi a Guerra Hispano-Americana, em 1898, quando os Estados Unidos emergiram como uma potência colonial no Caribe e no Pacífico, anexando territórios como Porto Rico e as Filipinas. A guerra contra o decadente Império Espanhol e a aquisição das Filipinas foi um primeiro indicativo mais claro de que os interesses do país estavam começando a ir além daquilo que chamavam de o "hemisfério ocidental".

Com a entrada na Primeira Guerra Mundial em 1917, os Estados Unidos se tornaram uma força militar significativa no conflito, contribuindo para a vitória dos Aliados e para o desenho do pós-guerra. Uma das grandes inovações diplomáticas trazidas pelo então presidente Woodrow Wilson foi a ideia de uma "Liga das Nações", um organismo internacional que teria como objetivo promover a cooperação e a paz entre os países. No entanto, Wilson estava além do que o público norte-americano parecia disposto a aceitar. Ironicamente, apesar de ter sido seu idealizador, a Liga das Nações nunca contou com a participação dos Estados Unidos. Isso se deveu à resistência do Senado norte-americano em ratificar o Tratado de Versalhes e em se comprometer com os assuntos europeus. Os senadores temiam que a adesão à Liga comprometesse a soberania nacional e envolvesse o país em conflitos alheios aos seus interesses. Essa postura refletia uma tendência isolacionista que predominava na política externa norte-americana da época. É importante salientar, porém, que apesar dessa postura de isolacionismo, os Estados Unidos fizeram várias intervenções na América Latina no período entreguerras. Entre 1915 e 1934, os Estados Unidos ocuparam o Haiti, enviaram uma "expedição punitiva" ao México e invadiram a Nicarágua, gerando conflitos e resistências nos países afetados.

Foi por conta desse histórico de intervenções na América Latina que, no contexto de ascensão da Alemanha nazista e no limiar da Segunda Guerra, a administração de Franklin Roosevelt decidiu lançar a chamada "Política da Boa Vizinhança", que consistia em substituir a intervenção militar pela diplomacia e aproximação cultural. Essa política tinha como objetivo melhorar a imagem dos Estados Unidos na região, garantir o fornecimento de matérias-primas e mercados para seus produtos, diminuir a influência da Alemanha nazista e assegurar uma zona de aliados no hemisfério ocidental. A Política da Boa Vizinhança se manifestou em diversas iniciativas econômicas, políticas e culturais entre os Estados Unidos e os países latino-americanos, especialmente o Brasil.

No entanto, foi apenas com o advento da Segunda Guerra Mundial que os Estados Unidos definitivamente abandonaram qualquer pretensão de isolacionismo, consolidaram sua posição como a principal potência mundial e estabeleceram as bases para uma ordem mundial pós-guerra baseada na liderança norte-americana. Ao examinarmos o ponto inicial desse processo, devemos nos debruçar sobre um presidente que veio a ocupar a Casa Branca de forma acidental. Antes de ser selecionado por Roosevelt como seu vice na eleição de 1944, Harry Truman era um senador relativamente desconhecido do Missouri, com pouca experiência em política externa ou na administração federal. Ele não tinha grandes ambições de se tornar presidente e nem mesmo sabia que Roosevelt o havia selecionado como vice até ser informado por um jornalista. Ambos mal se conheciam pessoalmente, entretanto Roosevelt escolheu Truman principalmente porque ele era um senador respeitado e um veterano de guerra, além de ser de um estado importante, o Missouri. Durante o pouco tempo em que serviu como vice-presidente, Truman não teve muito contato com Roosevelt e não foi informado sobre muitas das decisões importantes que estavam sendo tomadas no governo. No entanto, com a morte de Roosevelt em abril de 1945, poucos meses após ter sido reeleito para um inédito quarto mandato, Truman se viu no cargo mais importante do mundo. Ele herdou a tarefa de liderar os Estados Unidos no final da Segunda Guerra Mundial e de definir os termos da relação com a União Soviética no pós-guerra. Truman foi reeleito em 1948 em uma das maiores surpresas eleitorais da história norte-americana, derrotando o governador de Nova York, Thomas Dewey, que liderava as pesquisas durante toda a campanha. O modesto ex-senador de Missouri, filho de uma família de agricultores e que trabalhou como balconista em uma loja de departamentos, foi o responsável por um momento crucial da história das relações internacionais. Coube à administração Truman definir os termos da relação com a União Soviética no pós-guerra e estabelecer as bases da ordem liberal liderada pelos Estados Unidos.

Apesar de sua falta de experiência prévia em política externa, Truman acabou se mostrando à altura da tarefa. Ele adotou uma estratégia multidimensional de "contenção" do comunismo, baseada no tripé: doutrina Truman, plano Marshall e OTAN. A doutrina Truman era o elemento político desse tripé, e consistia em apoiar financeira e militarmente os países livres que resistissem à subversão comunista. Foi anunciada em 1947 em resposta à situação da Grécia e da Turquia, que enfrentavam guerras civis e pressões soviéticas. O plano Marshall – a dimensão econômica da estratégia norte-americana – foi um programa de ajuda econômica aos países europeus devastados pela guerra, com o objetivo de reconstruir suas economias e fortalecer seus laços com os Estados Unidos. Foi lançado em 1948 e beneficiou 16 países ocidentais. Finalmente, a multidimensional estratégia elaborada nos anos Truman tinha a Organização do Tratado do Atlântico Norte (OTAN) como sua manifestação militar.

Formada em 1949 pelos Estados Unidos e seus aliados europeus, a OTAN visava garantir a defesa coletiva contra uma possível agressão soviética. Num intervalo de apenas cinco anos, entre 1945 e 1950, o governo Truman estabeleceu as bases fundamentais que guiariam a política externa norte-americana ao longo de toda Guerra Fria. Nascia assim a chamada "ordem internacional liberal" sob a égide da liderança norte-americana, um conjunto de instituições, normas e regras baseadas em valores como democracia, direitos humanos, livre comércio e multilateralismo. A história de todos os presidentes norte-americanos após Truman é basicamente a história de como esses presidentes de uma forma ou de outra prezavam pela manutenção dessa ordem. Isso se manifestava, em graus diversos, no compromisso com as instituições multilaterais criadas após a Segunda Guerra Mundial, como a ONU, o FMI e o Banco Mundial, o apoio à integração europeia e à aliança transatlântica através da OTAN, a promoção do livre comércio e a abertura dos mercados, e a defesa de valores democráticos e dos direitos humanos. O primeiro presidente que explicitamente – inclusive no plano retórico – se colocaria contra essa ordem criada e sustentada pelos Estados Unidos desde Truman foi Donald Trump. Truman usou o poderio norte-americano para criar uma ordem liberal cooperativa. Trump usou para questionar tal ordem. Mesmo com a vitória de Biden em 2020, a ascensão de Trump significa que uma parcela significativa da opinião pública norte-americana parece não estar mais disposta a sustentar os custos dessa liderança. O que aconteceu entre Truman e Trump é o tema central desse capítulo. No seguinte, exploraremos alguns dos desafios contemporâneos para a política dos Estados Unidos.

3.1 "*Bear any price*" – aprendendo sobre os limites do poder norte-americano

Em linhas gerais, podemos compreender as administrações dos presidentes norte-americanos no pós-Segunda Guerra Mundial em três grupos distintos, de acordo com as características de suas políticas externas e os contextos históricos em que atuaram. O primeiro grupo é formado por Truman, Eisenhower e Kennedy, que governaram entre 1945 e 1963. Esses presidentes adotaram uma postura firme contra o comunismo e defenderam a ordem liberal global, baseada na cooperação entre as democracias ocidentais e na contenção da expansão soviética. Eles participaram de importantes eventos da Guerra Fria, como o bloqueio de Berlim, a guerra da Coreia, a crise de Suez e a crise dos mísseis cubanos. O discurso de posse de John F. Kennedy, em 1961, demonstra com clareza o sentimento do país nesse período. Kennedy expressou a confiança e a determinação dos Estados Unidos em defender a liberdade pelo mundo, mesmo que isso custasse sacrifícios e confrontos. A famosa frase proferida em seu discurso de posse quando Kennedy afirmou que "*we shall pay any price, bear any burden, meet any hardship, support any friend, oppose any foe to assure the survival and success of liberty*" ("nós pagaremos qualquer preço, suportaremos qualquer fardo, enfrentaremos qualquer dificuldade, apoiaremos qualquer amigo, nos oporemos a qualquer inimigo para garantir a sobrevivência e o sucesso da liberdade") refletiu a visão norte-americana de que seu poder era ilimitado e que sua causa era justa. Essa frase pode ser usada como uma metáfora para ilustrar a ilusão de onipotência que caracterizou os presidentes norte-americanos nas primeiras décadas do pós-Segunda Guerra. Eles acreditavam que podiam moldar o mundo à sua imagem e semelhança, intervindo em conflitos regionais, apoiando regimes aliados e combatendo o comunismo onde quer que ele surgisse.

Um episódio crucial desse período ocorreu durante a administração de Eisenhower, quando os Estados Unidos se envolveram na Guerra da Coreia (1950-1953), em apoio à Coreia do Sul, na tentativa de conter a influência comunista na região. Essa intervenção militar teve o apoio da Organização das Nações Unidas (ONU) e resultou em uma luta sangrenta que deixou milhares de mortos e deslocados. Após três anos de conflito, foi assinado um armistício que estabeleceu a divisão da península coreana em duas zonas de influência, com uma zona ao norte governada pelo regime comunista e outra ao sul governada por um governo pró-Ocidente. Ainda que o conflito tenha terminado sem que nenhum dos lados obtivesse uma vitória decisiva, a intervenção militar dos Estados Unidos na Guerra da Coreia consolidou a posição do país como líder do bloco ocidental na Guerra Fria, ao passo que reafirmou sua determinação em conter a expansão do comunismo em escala global.

Ao interpretar tudo pelas lentes da Guerra Fria, os Estados Unidos frequentemente ignoravam complexidades históricas, culturais e políticas dos países onde atuavam e subestimavam as resistências internas e externas aos seus interesses. Também não percebiam os limites econômicos, sociais e morais do seu envolvimento militar pelo mundo. No entanto, a ilusão de onipotência norte-americana acabou encontrando a dura realidade nas selvas do Vietnã, sendo despedaçada tanto no plano externo com a humilhante derrota na guerra, quanto no plano interno com a revelação dos escândalos políticos do Watergate e a crescente insatisfação da sociedade civil com a violência e a injustiça nos anos 1960.

As consequências da Guerra do Vietnã e a necessidade de reconhecer os limites do poder norte-americano caracteriza o segundo grupo de presidentes do período pós-Segunda Guerra, formado por Johnson, Nixon e Carter, que governaram entre 1963 e 1981. Alegando que não seria o "primeiro presidente norte-americano a perder uma guerra", Johnson aumentou significativamente o envolvimento militar dos Estados Unidos na Guerra do Vietnã a partir de 1965. O mês de janeiro de 1968 marca o momento-chave em que os Estados Unidos perdem a ilusão de onipotência que havia sido expressa por Kennedy no começo daquela década. Foi quando ocorreu a chamada Ofensiva do Tet na Guerra do Vietnã, um ataque surpresa lançado pelos norte-vietnamitas e vietcongues contra as forças norte-americanas e sul-vietnamitas em 30 de janeiro de 1968. O ataque envolveu mais de 80 mil soldados comunistas que atingiram mais de cem cidades e bases militares no Vietnã do Sul, aproveitando-se do feriado do Ano Novo Lunar ("Tet") no calendário vietnamita. Embora os comunistas tenham sofrido pesadas baixas e não tenham conseguido manter o controle das áreas atacadas, a ofensiva teve um grande impacto psicológico e político nos Estados Unidos. Ela mostrou que os norte-vietnamitas e vietcongues ainda tinham capacidade de luta e disposição para continuar a guerra, contrariando as afirmações otimistas dos generais e políticos norte-americanos de que a vitória estava próxima. Ela também abalou a confiança da opinião pública norte-americana na condução da guerra pelo governo Johnson e aumentou os protestos contra o conflito dentro dos Estados Unidos. A Ofensiva do Tet expôs as contradições da política norte-americana no Vietnã e a ficção de que os Estados Unidos estariam vencendo a guerra e gerou um sentimento de frustração e desilusão entre os norte-americanos.

Um dos principais reflexos políticos da Ofensiva do Tet foi a decisão do presidente Johnson de não concorrer à reeleição em 1968. Johnson estava enfrentando uma forte oposição dentro do seu próprio partido, liderada pelo senador Robert Kennedy, que criticava sua política no Vietnã. Ele também estava perdendo apoio popular por causa da escalada da guerra, que consumia recursos financeiros e humanos dos Estados Unidos. Além disso, estava sofrendo pressões internacionais para buscar uma solução pacífica para o conflito. Diante desse cenário desfavorável, um abatido Johnson foi à televisão em 31 de março de 1968 para anunciar que não buscaria a indicação do seu partido para um novo mandato à presidência. À duras penas, ele acabou por descobrir que os norte-americanos não estavam mais dispostos a "pagar qualquer preço" para se opor ao comunismo.

Além da Guerra do Vietnã, 1968 foi um ano marcado por protestos, conflitos e violência nos Estados Unidos. Estudantes universitários se mobilizaram contra a guerra e contra o sistema político e social que a sustentava. Eles ocuparam universidades, organizaram manifestações e enfrentaram a repressão policial. Eles também se inspiraram nas lutas pelos direitos civis, que desde os anos 1950 vinham desafiando a segregação racial e a discriminação nos Estados Unidos. Em 1968, o movimento negro perdeu dois de seus principais líderes: Martin Luther King Jr., assassinado em 4 de abril em Memphis; e Robert Kennedy, irmão do ex-presidente John F. Kennedy e candidato à presidência pelo Partido Democrata, assassinado em 5 de junho em Los Angeles. 1968 foi um ano tumultuoso que revelou as contradições e os conflitos da sociedade norte-americana na época da Guerra Fria.

Foi nesse contexto de violência política, repressão estatal, assassinato de líderes carismáticos e fragmentação social que Richard Nixon vence as eleições para a presidência. Nixon tinha sido vice-presidente entre 1953 e 1961, durante a administração de Dwight D. Eisenhower, e em 1960, havia concorrido à presidência contra o democrata John F. Kennedy, mas perdeu por uma margem muito estreita de votos. Em 1968, ele tentou novamente a presidência, aproveitando-se do desgaste do Partido Democrata com a Guerra do Vietnã e os conflitos sociais que abalavam o país. Nixon apresentou-se como um candidato moderado e experiente, que prometia restaurar a ordem e a estabilidade nos Estados Unidos. Ele defendia uma política de "paz com honra" no Vietnã, que consistia em negociar com os norte-vietnamitas e transferir gradualmente a responsabilidade pela guerra para os sul-vietnamitas. Ele também apelava para os eleitores conservadores e brancos do sul, que se sentiam ameaçados pelas mudanças sociais e culturais provocadas pelos movimentos negros, estudantis e contraculturais. Nixon usou a estratégia da "maioria silenciosa", que se referia aos norte-americanos comuns que não participavam dos protestos e que apoiavam o governo. As eleições de 1968 contaram ainda com a concorrência de um terceiro candidato: George Wallace, ex-governador do Alabama e líder segregacionista, que defendia os direitos dos estados contra a intervenção federal nos assuntos raciais. Wallace conseguiu o melhor desempenho entre candidatos de terceiros partidos desde que Theodore Roosevelt ficou em segundo lugar nas eleições de 1912. Ele conseguiu obter 13,5% dos votos populares e 46 votos no Colégio Eleitoral, vencendo em cinco estados do Sul: Alabama, Arkansas, Geórgia, Louisiana e Mississippi. Ele foi o último candidato de terceiro partido a ganhar votos no Colégio Eleitoral. Também foi o responsável pela divisão do voto conservador entre os republicanos e os democratas do Sul, favorecendo a vitória de Richard Nixon sobre Hubert Humphrey, o vice de Lyndon Johnson. Nixon venceu por uma pequena diferença de votos populares: 43,4% contra 42,7% de Humphrey e 13,5% de Wallace. No entanto, ele obteve uma vantagem maior no Colégio Eleitoral: 301 votos contra 191 de Humphrey e 46 de Wallace. Nixon conseguiu conquistar vários estados do Sul que tradicionalmente votavam nos democratas, além de estados industriais do Norte e do Oeste. Assim, em 20 de janeiro de 1969, Richard Nixon tomou posse como o 37º presidente dos Estados Unidos.

Nixon acabou por tornar-se um dos presidentes mais controversos e paradoxais da história norte-americana. Ele foi responsável por alguns dos maiores avanços diplomáticos do século XX, mas também por um dos maiores escândalos políticos que abalou a confiança do povo norte-americano em suas instituições. Nixon foi um líder pragmático e realista, mas também um idealista frustrado e paranoico. Foi um conservador que implementou reformas progressistas, mas também um liberal que se aproximou de regimes autoritários. Nixon buscou uma política externa baseada na "distensão" (*détente*) com os rivais comunistas da China e da União Soviética, na esperança de criar um equilíbrio de poder mais favorável aos interesses norte-americanos. Ele negociou acordos históricos de controle de armas nucleares com Moscou e abriu as portas para o reconhecimento diplomático de Pequim.

No Vietnã, Nixon enfrentou um dilema estratégico. Ele queria encerrar o envolvimento dos EUA na guerra impopular e custosa, mas sem parecer que estava abandonando um aliado anticomunista ou admitindo uma derrota humilhante. Ele também queria preservar a credibilidade do país como uma superpotência capaz de conter a expansão soviética e chinesa na Ásia. Para isso, ele adotou uma política de "vietnamização", que consistia em transferir gradualmente a responsabilidade pelo combate aos sul-vietnamitas, enquanto reduzia o número de tropas norte-americanas no país. Ao mesmo tempo, buscava negociar um acordo de paz com o Vietnã do Norte, pressionando-o com bombardeios aéreos e diplomacia secreta. No entanto, Nixon logo descobriu que sua política de vietnamização era insuficiente para garantir a estabilidade do Vietnã do Sul ou a cooperação do Vietnã do Norte. Ele percebeu que os comunistas estavam usando o Camboja como uma base para abastecer e infiltrar suas forças no sul. Por isso, ele ordenou uma série de bombardeios secretos contra os santuários comunistas no Camboja em 1969 e 1970, sem consultar o Congresso ou informar a opinião pública. Ele esperava, assim, cortar as linhas de suprimento dos comunistas e enfraquecer sua capacidade militar. Em abril de 1970, Nixon decidiu escalar ainda mais sua intervenção no Camboja, autorizando uma invasão terrestre conjunta das forças norte-americanas e sul-vietnamitas para limpar as áreas fronteiriças dos comunistas e capturar seu quartel-general em Snuol, uma cidade no leste do Camboja, perto da fronteira com o Vietnã. Ele justificou sua decisão como uma medida necessária para proteger as vidas norte-americanas e acelerar o fim da guerra. No entanto, sua invasão teve consequências desastrosas tanto para o Camboja quanto para os Estados Unidos, pois provocou uma reação violenta dos comunistas, que intensificaram seus ataques contra as forças invasoras e contra o governo cambojano. Ela também gerou uma onda de protestos nos Estados Unidos, que acusavam Nixon de violar a Constituição e expandir ilegalmente a guerra. Ela ainda contribuiu para o colapso do Camboja em uma guerra civil sangrenta, que culminaria no genocídio perpetrado pelo Khmer Vermelho. Nixon acabou fracassando em sua tentativa de resolver o problema do Vietnã através da vietnamização e da intervenção no Camboja. Ele não conseguiu impedir a vitória comunista no Vietnã em 1975 nem salvar o Camboja da tragédia humanitária. O presidente também perdeu o apoio do Congresso e da sociedade norte-americana para sua política externa.

Nixon também enfrentou sérios desafios internos, que acabaram por minar sua credibilidade e legitimidade como presidente. Ele teve que lidar com uma crise econômica causada pela inflação, pelo déficit comercial e pela desvalorização do dólar, tentou controlar os preços e os salários, aumentar os gastos sociais e reduzir os impostos para os pobres, mas sem sucesso. Nixon enfrentou uma forte oposição do Congresso dominado pelos democratas, que limitou seu poder executivo e investigou seus atos ilegais. O Republicano se envolveu em uma série de abusos de poder, espionagem política e obstrução da justiça, que culminaram no escândalo de *Watergate*. Nixon renunciou à presidência em 1974 para evitar um *Impeachment* quase certo. Quem assumiu foi o seu vice, Gerald Ford, que acabou por tornar-se o único presidente dos Estados Unidos que nunca foi eleito para nenhum dos dois cargos mais altos do país. Ford não participou da eleição presidencial de 1972, quando Nixon foi reeleito com Spiro Agnew como seu companheiro de chapa. Agnew renunciou ao cargo em 1973 por acusações de corrupção e sonegação de impostos. Nixon escolheu

Ford, que era o líder da minoria republicana na Câmara dos Representantes, para substituí-lo como vice-presidente. Ford foi confirmado pelo Congresso com base na 25ª Emenda à Constituição dos EUA, que permite ao presidente nomear um novo vice-presidente em caso de vacância. Em 1976, Ford perdeu a eleição para o Democrata Jimmy Carter por uma pequena margem no voto popular e no Colégio Eleitoral. Portanto, Ford serviu como presidente por apenas dois anos e meio sem ter recebido nenhum voto direto do povo norte-americano.

O último presidente desse que podemos chamar da "tríade trágica" da Guerra Fria foi Jimmy Carter. Se Johnson decidiu não concorrer a reeleição e Nixon renunciou na metade de seu segundo mandato, a tragédia de Carter foi ter sido o primeiro presidente do período pós-Segunda Guerra a não conseguir se reeleger. Carter, um ex-governador da Geórgia que tinha sido fazendeiro de amendoim, se apresentou como um candidato "*outsider*" e honesto após o escândalo de Watergate que derrubou Nixon. Ele venceu as primárias democratas contra vários adversários mais conhecidos, usando uma estratégia de disputar todos os estados e aproveitar as novas regras do partido que lhe davam uma parcela proporcional dos delegados mesmo em estados onde ele não ficava em primeiro lugar. Na convenção do partido, ele escolheu o senador Walter Mondale como seu companheiro de chapa. Na eleição geral, Carter venceu Ford por uma pequena margem no voto popular e no Colégio Eleitoral, aproveitando-se do descontentamento popular com a economia, a crise energética e a política externa. Carter representava uma mudança na política norte-americana, pois era o primeiro presidente do sul desde a Guerra Civil e o primeiro presidente evangélico da história. Também simbolizava uma ruptura com a corrupção e o cinismo que marcaram os anos de Nixon, e prometeu restaurar a confiança do povo norte-americano em seu governo e defender os direitos humanos no mundo.

Emergindo do trauma da Guerra do Vietnã, Carter, inspirado por sua convicção cristã e sua experiência como governador do sul dos Estados Unidos, vislumbrou a defesa dos direitos humanos como um objetivo essencial da diplomacia norte-americana. Em um esforço para redefinir o curso da política externa dos Estados Unidos, Carter enfatizou a importância de uma maior cooperação e atenção aos países em desenvolvimento, deslocando assim o eixo central da política externa norte-americana além do confronto Leste-Oeste, dando mais foco à dimensão Norte-Sul. Em uma visão considerada por muitos como idealista ou ingênua, ele buscava superar a lógica bipolar da Guerra Fria, que via o mundo dividido entre dois blocos antagônicos. Carter, porém, se deparou com dois grandes desafios que colocaram à prova sua política externa: a invasão soviética ao Afeganistão e a revolução iraniana. Ambos os eventos representaram um desafio para os interesses estratégicos dos EUA na região do Oriente Médio e da Ásia Central, uma área crucial para o acesso ao petróleo e para a contenção do expansionismo soviético. Sua reação a esses eventos representou uma reviravolta completa em sua política externa. Carter denunciou fortemente a agressão soviética, impôs sanções econômicas, e decidiu boicotar os Jogos Olímpicos de 1980 em Moscou. Ele ainda anunciou a "Doutrina Carter" em janeiro de 1980, declarando que os EUA usariam todos os meios necessários para defender seus interesses vitais na região do Golfo Pérsico contra qualquer interferência externa. Esse episódio deixou claro que a lógica da Guerra Fria não seria facilmente superada, como desejara Carter no início de seu mandato. Em relação ao Irã, Carter tentou negociar a libertação dos 52 reféns norte-americanos que foram capturados por estudantes radicais na embaixada dos EUA em Teerã durante a Revolução Iraniana. No entanto, suas tentativas diplomáticas fracassaram e uma operação militar de resgate terminou em desastre, causando a morte de oito soldados norte-americanos e a destruição de dois helicópteros. O fracasso da operação minou ainda mais a já enfraquecida posição de Carter na política doméstica e internacional, tornando-se um dos episódios mais desastrosos de sua presidência. Os reféns só foram libertados após 444 dias de cativeiro, no mesmo dia em que Carter deixou o cargo após perder por larga margem a eleição de 1980 para Ronald Reagan. As eleições daquele ano acabaram entrando para a história como uma das mais expressivas derrotas de um presidente norte-americano em busca de reeleição, ficando atrás apenas da derrota de Herbert Hoover para Roosevelt em 1932, quando os Estados Unidos sofriam os efeitos da Grande Depressão.

3.2 Encerrando a Guerra Fria

O terceiro grupo de presidentes que vamos analisar é formado por Reagan, Bush pai e Clinton, que governaram entre 1981 e 2001. Esses presidentes foram responsáveis por conduzir o fim da Guerra Fria e consolidar a liderança norte-americana no período unipolar. Reagan foi eleito na esteira da impopularidade de Carter, com uma campanha baseada em uma visão otimista e conservadora do país, se contrapondo ao pessimismo e à crise que marcaram o governo de seu antecessor. Reagan adotou uma postura mais agressiva com a União Soviética, que era vista como a principal rival dos Estados Unidos na Guerra Fria. Ele acusava Carter de ter sido fraco e ingênuo diante das ameaças comunistas no mundo. Reagan prometia fortalecer as forças armadas norte-americanas e apoiar os movimentos anticomunistas em países como Afeganistão, Nicarágua e Angola. Em 1983, fez um famoso discurso no qual chamou a União Soviética de "império do mal" e afirmou que os Estados Unidos tinham uma missão divina de combater o comunismo. Também anunciou a Iniciativa Estratégica de Defesa (SDI), um ambicioso projeto de criar um escudo espacial capaz de interceptar mísseis nucleares soviéticos.

Reagan enfrentou um empecilho curioso nas negociações com líderes soviéticos durante o seu primeiro mandato. Entre 1982 e 1985, três secretários-gerais do Partido Comunista faleceram em sequência: Leonid Brejnev, Yuri Andropov e Konstantin Chernenko. Em seu diário, Reagan chegou a ironizar: "Como vou negociar com os russos se eles ficam morrendo?". No entanto, a situação mudou com a chegada de Mikhail Gorbachev ao poder em 1985, quando Reagan começava seu segundo mandato, e iniciou o processo de abertura econômica e política conhecido como *glasnost* e *perestroika*. Gorbachev procurou estabelecer um diálogo com Reagan para reduzir as tensões entre os dois países e evitar uma guerra nuclear. Os dois líderes se encontraram várias vezes entre 1985 e 1988 e assinaram acordos históricos como um tratado para a eliminação dos mísseis nucleares de médio alcance na Europa. Portanto, diferentemente de Carter, que começou com uma abordagem conciliatória e acabou se tornando confrontadora, Reagan iniciou sua presidência adotando uma postura mais confrontadora e terminou de forma mais conciliatória. No entanto, as circunstâncias, e alguns diriam sorte, desempenharam um papel importante nessa mudança. Enquanto Carter foi prejudicado pelas circunstâncias, Reagan, graças à morte em sequência de três líderes soviéticos em um intervalo de três anos, teve a sorte de poder negociar com um líder diferente de tudo que a URSS havia produzido até então. Gorbachev era um líder jovem e carismático, que tinha uma visão mais aberta e pragmática do mundo. Ele lançou as políticas de que buscavam democratizar o regime comunista e introduzir elementos de mercado na economia planificada. Se ao invés de Gorbachev, figuras mais conservadoras como Andropov ou Chernenko estivessem no comando do Kremlin, talvez a história tivesse sido bem diferente.

Reagan deixou a presidência em 1989 com altos índices de popularidade e conseguiu o raro feito de ver seu vice-presidente, George H. W. Bush, vencer as eleições de 1988. Até então, no século XX, apenas Theodore Roosevelt tinha visto seu vice vencer as eleições após ter cumprido dois mandatos consecutivos. Bush assumiu a presidência dos Estados Unidos em um momento de grandes transformações no cenário internacional. Coube a ele a responsabilidade de conduzir o final da Guerra Fria, que marcou a bipolaridade entre os EUA e a União Soviética por quase meio século. Para Bush, o final da Guerra Fria com a vitória dos Estados Unidos, significava que o mundo estava entrando em uma "nova ordem mundial" que seria marcada pela cooperação multilateral e pelo respeito ao direito internacional. Bush se apoiou nas instituições como as Nações Unidas (ONU) e na aliança com os países europeus para enfrentar os desafios globais. Ele também procurou manter um diálogo construtivo com os líderes soviéticos, especialmente Mikhail Gorbachev, para promover o fim pacífico da Guerra Fria e a transição para essa nova ordem.

Um dos exemplos dessa postura foi a atuação de Bush diante do massacre da Praça Tiananmen, em 1989, quando o governo chinês reprimiu violentamente os protestos pró-democracia de estudantes e civis. Bush condenou publicamente a violação dos direitos humanos na China, mas evitou impor sanções econômicas ou romper as relações diplomáticas, mesmo sob forte pressão do Congresso. Ele preferiu enviar secretamente seu assessor Brent Scowcroft para negociar com os líderes chineses e manter um relacionamento construtivo com a China, reconhecendo sua crescente importância no cenário internacional. Outro exemplo foi o papel de Bush na Reunificação da Alemanha, em 1990, após a queda do Muro de Berlim. Bush apoiou desde o início o direito dos alemães de decidirem seu próprio destino nacional, contrariando as resistências de outros países, como França e Reino Unido, que temiam as consequências de uma Alemanha reunificada e excessivamente poderosa. Ele também garantiu que a Alemanha reunificada permanecesse na OTAN (Organização do Tratado do Atlântico Norte) e fosse um parceiro confiável dos Estados Unidos na Europa.

A atuação de Bush durante a Guerra do Golfo em 1990-1991 foi um marco importante em sua presidência. Para ele, essa guerra serviria como um teste para sua visão de uma nova ordem mundial baseada em uma coalizão internacional que agiria em conjunto para manter a paz e a estabilidade global. Bush formou uma ampla coalizão internacional sob os auspícios da ONU para expulsar as tropas iraquianas do Kuwait e restaurar sua soberania. Para Bush, a Guerra do Golfo representava a consolidação inequívoca de uma nova ordem mundial pós-Guerra Fria, cujos pilares eram a democracia, os direitos humanos e a segurança coletiva. Porém, apesar de êxitos na política externa, Bush pai não conseguiu se reeleger em 1992. Ele perdeu para Bill Clinton, um Democrata mais jovem e carismático que soube explorar as insatisfações dos eleitores com a situação econômica doméstica dos Estados Unidos. Clinton prometeu uma mudança de rumo na política interna e externa norte-americana, focando mais nas questões sociais e nos desafios emergentes como o terrorismo internacional.

Clinton assumiu a presidência em um momento crucial da história. Agora que os Estados Unidos haviam ganho a Guerra Fria, o que fazer com o excesso de poderio de que dispunham? A mudança repentina no cenário internacional após meio século de conflito bipolar deixou tanto os perdedores quanto os vencedores desorientados. Sem o inimigo externo que garantia o consenso da política externa de contenção ao comunismo, Clinton se viu diante da difícil tarefa de reconstruir a identidade dos Estados Unidos, a partir da criação de uma nova narrativa que levasse em conta a nova realidade global e substituísse o antigo antagonismo bipolar. Sua resposta foi seguir uma política externa que combinava a promoção dos valores norte-americanos com a busca de interesses econômicos e estratégicos. Clinton defendeu a criação de uma Área de Livre Comércio das Américas (ALCA), que seria uma ampliação do Tratado Norte-Americano de Livre Comércio (NAFTA) para todo o continente norte-americano. Ele também apoiou a entrada da China na Organização Mundial do Comércio (OMC), acreditando que isso estimularia a abertura política do país asiático, e incentivou o fortalecimento da União Europeia (UE) como um aliado dos Estados Unidos. O período

Clinton testemunhou a expansão da OTAN para o Leste Europeu, iniciativa que tinha como objetivo consolidar as novas democracias surgidas após o colapso do comunismo e conter possíveis ameaças russas à estabilidade regional. Ele convenceu os aliados europeus a aceitar novos membros na aliança militar, como Polônia, Hungria e Tchéquia, apesar das objeções russas, e também buscou manter um diálogo com Moscou para evitar uma nova escalada de tensões. Do ponto de vista militar, Clinton autorizou intervenções em casos como na Somália (1993), no Haiti (1994), na Bósnia (1995) e Kosovo (1999), e ordenou ataques aéreos contra alvos terroristas no Afeganistão e no Sudão (1998) após os atentados às embaixadas norte-americanas na África.

Se a Guerra do Golfo foi uma representação da visão de Bush de uma nova ordem mundial liderada pelos Estados Unidos, podemos dizer, guardadas as devidas proporções, que a intervenção na Somália resumia a visão de Clinton sobre o papel dos Estados Unidos no novo cenário global pós-Guerra Fria. Sem ter mais comunistas para combater, caberia então aos Estados Unidos utilizar seu excedente de poder para "consertar" o mundo. Clinton via a Somália como um caso emblemático de falência do Estado, guerra civil e fome, que exigia uma ação internacional coordenada. Por isso, ele decidiu enviar tropas especiais para apoiar a missão das Nações Unidas (ONU) na Somália e capturar os líderes das milícias somalis que impediam o trabalho da ONU. No entanto, a intervenção na Somália se revelou um fracasso estratégico e moral para os Estados Unidos. A missão humanitária virou uma guerra contra as milícias locais. A Batalha de Mogadíscio deixou 18 norte-americanos mortos e um capturado. A imagem de um soldado norte-americano morto arrastado pelas ruas chocou a opinião pública e levou Clinton a retirar as tropas do país. A intervenção na Somália em 1993 mostrou a Clinton a crua realidade de que os interesses nacionais e as limitações políticas pesavam mais do que os valores universais e as aspirações humanitárias.

Diante do fracasso estratégico e político da intervenção na Somália, Clinton passou a adotar uma postura mais cautelosa nas intervenções militares posteriores, evitando enviar tropas terrestres para conflitos complexos ou sem apoio internacional. Por exemplo, durante a Guerra na Bósnia, Clinton foi bem mais reticente, resistindo à pressão dos aliados europeus para enviar tropas terrestres para apoiar as forças de paz da ONU, temendo repetir o desastre da Somália. Ele preferiu apoiar as operações aéreas da OTAN para impor zonas de exclusão aérea sobre o território bósnio e pressionar os beligerantes a negociar uma solução política. Só concordou em enviar tropas terrestres após o fim da guerra, para integrar a força multinacional da OTAN que supervisionaria a implementação do acordo de paz.

3.3 Ascensão e declínio do momento unipolar

Reagan, Bush e Clinton formam o trio de presidentes que tiveram suas administrações profundamente influenciadas pelo fim da Guerra Fria. Reagan iniciou o processo de encerramento do conflito, chegando a clamar para que Gorbachev derrubasse o Muro de Berlim. Bush lidou com o desmoronamento do Império Soviético e Clinton, o primeiro presidente do pós-Segunda Guerra a assumir sem um inimigo claramente definido, buscou estabelecer um novo paradigma para a política externa norte-americana. Quando George W. Bush chega à presidência, em janeiro de 2001, os Estados Unidos encontravam-se em uma posição de superioridade de poder – econômica, ideológica e militar – inédita na história do sistema moderno de Estados. Àquela altura, já estava claro que o fim da bipolaridade da Guerra Fria havia dado lugar não a um mundo multipolar, com diversos centros de poder, mas a um mundo unipolar com uma única superpotência sem rivais. Alguns analistas consideravam que os Estados Unidos tinham uma oportunidade histórica de moldar uma ordem mundial de acordo com seus interesses e valores.

Porém, ao contrário de seu pai, Bush tinha pouco interesse em política externa. Na campanha presidencial de 2000, ele se opôs às intervenções de Clinton em lugares como Haiti, Bósnia e Kosovo. Ele defendia que os Estados Unidos respeitassem a soberania alheia e evitassem conflitos que não lhes dissessem respeito. Em um debate com Al Gore, vice de Clinton, Bush pronunciou uma frase que, à luz dos acontecimentos posteriores, ganharam contornos de ironia. Ele afirmou: "Se formos uma nação arrogante, eles vão nos ressentir. Se formos uma nação humilde, mas forte, eles vão nos acolher". Bush alegava que os Estados Unidos deveriam ser um exemplo de democracia e liberdade para o mundo, mas sem impor seu modelo aos outros países. De fato, no início de seu governo, Bush deu sinais de que adotaria uma política externa mais isolacionista e que focaria mais em temas domésticos. Ele retirou os Estados Unidos de tratados internacionais como o Protocolo de Kyoto, sobre mudanças climáticas, e o Tratado de Não Proliferação Nuclear, além de ter se oposto à criação do Tribunal Penal Internacional e a intervenções humanitárias.

Como sabemos, qualquer pretensão de uma política externa "humilde" acabou bruscamente na manhã de 11 de setembro de 2001, quando os Estados Unidos sofreram o ataque terrorista mais letal da história, que matou cerca de 3 mil pessoas. A combinação de poder e medo resultou não em humildade, mas em arrogância. A resposta da administração Bush para o dilema da busca de uma nova identidade para os Estados Unidos no pós-Guerra Fria foi a adoção de uma política com caraterísticas imperiais. Bush, um metodista convertido que costumava colocar fé como um elemento central da sua vida e da sua política, enxergou os atentados de 2001 como um chamado para que os Estados Unidos cumprissem uma missão: espalhar a "liberdade" pelo mundo. Isso significava que países que não fossem plenamente integrados à ordem internacional liberal, que os Estados Unidos sustentavam desde o fim da Segunda Guerra Mundial, seriam forçados a integrá-la. Essa visão foi resumida em seu famoso discurso do Estado da União em 2002, em que ele denunciou o "eixo do mal" formado por Irã, Iraque e Coreia do Norte como uma ameaça à segurança nacional e mundial. O novo inimigo estava definido. Sai a União Soviética e entram o terrorismo transnacional e os chamados "Estados pária" ("*rogue States*"). O antiterrorismo, traduzido em uma "guerra global contra o terror", substituiria o anticomunismo. Nesse novo contexto, os Estados Unidos precisariam de uma nova doutrina estratégica para substituir a ideia de "contenção" do comunismo que orientou a política externa norte-americana na Guerra Fria. Essa nova doutrina seria a "prevenção". Segundo ela, os Estados Unidos deveriam agir de forma proativa e preventiva contra as ameaças emergentes ao seu território e aos seus interesses, sem esperar que elas se materializassem em ataques concretos. Ao invés de esperar que ameaças se concretizem, os Estados Unidos, agora uma hiperpotência que não enxergava rivais à altura, lutariam "guerras preventivas" ao redor do globo, forçando nações autoritárias – em especial no Oriente Médio – a tornarem-se democracias. Se alguns países, mesmo que fossem aliados, protestassem, seriam ignorados. Nessa nova ordem, os Estados Unidos poderiam dispensar a interferência de aliados e agir unilateralmente quando bem entendessem.

Essa foi basicamente a lógica que levou o governo Bush a invadir o Iraque em 2003. Essa guerra teria consequências desastrosas para os Estados Unidos. Além de provocar instabilidade regional e custar milhares de vidas humanas e bilhões de dólares, a Guerra do Iraque minou a credibilidade norte-americana e acabou por acelerar o enfraquecimento da unipolaridade. Ao contrário da Guerra do Golfo, liderada por seu pai na década anterior, Bush invadiu o Iraque não apenas ignorando, mas desprezando a ONU. Enquanto o primeiro Bush buscou apoio do Conselho de Segurança e formou uma ampla coalizão internacional para expulsar as tropas iraquianas do Kuwait em 1991, o segundo Bush decidiu invadir e ocupar o Iraque em 2003 sem a autorização da ONU e com poucos aliados relevantes. A lógica dos Estados Unidos foi expressa pelo secretário de Defesa Donald Rumsfeld: "a missão faz a coalizão". Ou seja, primeiro os Estados Unidos determinariam a missão que consideravam importante e só então sairiam em busca de eventuais aliados voluntários (que, de qualquer forma, eram perfeitamente dispensáveis). Desse modo, não seriam os aliados a determinar a missão. Em outras palavras, aliados que se mostrassem contrários, como foi o caso de França e Alemanha, seriam ignorados. Alegando que o regime de Saddam Hussein possuía armas de destruição em massa e apoiava grupos terroristas, a administração Bush ignorou as evidências contrárias dos inspetores da ONU e as vozes críticas da comunidade internacional. Com isso, provocou uma grave crise de legitimidade e credibilidade para os Estados Unidos e para a própria ONU.

A Guerra do Iraque acabou por se tornar o primeiro golpe auto-infringido que acabaria por enfraquecer a ordem liberal internacional. O segundo golpe viria ao final do governo Bush com a crise econômica de 2008, cuja origem foi uma bolha imobiliária nos Estados Unidos. Se a Guerra do Iraque abalou os pilares políticos dessa ordem, a crise econômica de 2008 abalou os pilares econômicos ao revelar as fragilidades do sistema financeiro global e as consequências da desregulação e da especulação em um mundo globalizado. Ela também reduziu a confiança na liderança e na capacidade dos Estados Unidos de garantir o crescimento e a estabilidade econômica mundial. Além disso, esses acontecimentos ocorriam em um contexto de ascensão de novos atores emergentes, especialmente a China, que gradualmente passaria a reivindicar um papel mais proeminente na governança global.

Enquanto os Estados Unidos enfrentavam dificuldades econômicas e políticas decorrentes desses eventos, a China mantinha um alto ritmo de crescimento, aproveitando as oportunidades oferecidas pela globalização e pela integração regional para expandir seu comércio exterior e sua participação nas cadeias globais de valor. Raras vezes na história um país, em especial um com as dimensões da China, testemunhou um crescimento econômico tão rápido. O aumento médio anual do PIB chinês na primeira década dos anos 2000 foi de 17%, o que fez com que sua economia quintuplicasse de tamanho nesse período. A China aproveitou o vácuo deixado pelos Estados Unidos em algumas regiões para ampliar sua cooperação econômica, política e militar com países em desenvolvimento. É nesse contexto de enfraquecimento da ordem liberal internacional somado com os indícios de uma mudança significativa no equilíbrio de poder global em favor de um país não ocidental que Barack Obama assume a presidência em 2009.

3.4 A reinvenção do poder norte-americano

O governo Bush representa um elo de transição entre o período de otimismo com o final da Guerra Fria da tríade Reagan, Bush (pai) e Clinton e uma nova era da política externa norte-americana, caracterizada por um questionamento da unipolaridade no nível doméstico e externo, que culmina com a eleição de Trump em 2016. Entre Obama e Trump, os Estados Unidos gradualmente abandonam a noção de que os principais desafios externos ao país vêm de terroristas transnacionais e "Estados pária" e voltam a se focar em disputas geopolíticas e no jogo das grandes potências. Essa transição será definitivamente consolidada com a administração Biden, quando China e Rússia passam a ser considerados os principais adversários dos Estados Unidos.

Um momento que pode ser considerado como o marco dessa transição foi durante um debate durante a campanha presidencial de 2012, quando Obama buscava a reeleição enfrentando o republicano Mitt Romney. Em um momento do debate, Obama criticou Romney por ter chamado a Rússia de "nosso principal inimigo geopolítico". Obama ironizou essa afirmação dizendo: "Os anos 80 estão ligando para pedir sua política externa de volta, porque a Guerra Fria acabou há 20 anos". Obama argumentou que as ameaças prioritárias para os Estados Unidos ainda seriam grupos terroristas e Estados classificados como pária como o Irã. À época, muitos analistas consideraram que Obama levou vantagem nesse debate e mostrou mais conhecimento e liderança sobre os assuntos internacionais. No entanto, visto em perspectiva, o chiste de Obama envelheceu relativamente mal. Cerca de dois anos após aquele debate, as relações entre Rússia e Estados Unidos atingiram o ponto mais baixo desde o fim da Guerra Fria com a anexação russa de território ucraniano na península da Crimeia. Obama, que havia tentado reconstruir as relações com a Rússia no começo de seu mandato após a invasão da Geórgia em 2008, impõe sanções econômicas e diplomáticas, suspende a cooperação militar com Moscou e apoia o governo interino de Kiev. Nas eleições de 2016, o governo Obama acusou a Rússia de interferir nas eleições presidenciais norte-americanas através de ataques cibernéticos e campanhas de desinformação que visavam favorecer o candidato republicano Donald Trump em detrimento da candidata democrata Hillary Clinton. Ele impôs novas sanções contra a Rússia e expulsou 35 diplomatas russos do território norte-americano.

Quanto à China, a administração Obama anunciou que faria um "pivô para a Ásia" em sua política externa, reconhecendo que os Estados Unidos deveriam focar menos no Oriente Médio e mais na região que testemunhava o crescimento de um potencial rival aos interesses norte-americanos. A principal iniciativa de Obama nesse sentido foi a promoção da Parceria Transpacífica (TPP), um acordo comercial que envolvia 12 países da Ásia-Pacífico, mas excluía a China. O objetivo do TPP era criar uma zona de livre-comércio que fortalecesse as normas e os valores liberais na região, além de contrabalançar o crescente poder econômico e político da China. Após anos de negociação, o acordo foi assinado no último ano da administração Obama. Seu sucessor, Donald Trump, porém, retirou os Estados Unidos do tratado assim que tomou posse, alegando que seria prejudicial aos trabalhadores norte-americanos. Tal decisão acabou por fortalecer um bloco econômico alternativo, liderado pela China, que inclui muitos dos países do TPP, notadamente Japão e Coreia, e exclui os Estados Unidos.

Como vimos anteriormente, a abordagem de política externa dos presidentes anteriores a Obama pode ser exemplificada pelas intervenções militares que realizaram. Para Bush (pai), a Guerra do Golfo simbolizaria uma nova ordem mundial baseada no direito internacional e no multilateralismo. Para Clinton, as intervenções na Somália e na Bósnia demonstravam que os Estados Unidos deveriam usar o excedente de poder que lhe foi conferido com o fim da Guerra Fria para realizar intervenções humanitárias. Para Bush (filho), a Guerra do Iraque representava uma nova fase do poder norte-americano em um contexto de unipolaridade, onde os Estados Unidos agiriam sozinhos se necessário para espalhar a democracia à força. No caso de Obama, uma boa ilustração seria o caso da intervenção na Líbia em 2011. Duas características tornam a Líbia um caso exemplar para ilustrar sua abordagem de política externa. A primeira é que foi uma intervenção que contou com o apoio de aliados e foi baseada na ideia de "responsabilidade de proteger", um conceito chancelado pela ONU que estabelece que os Estados têm o dever de proteger suas populações de atrocidades em massa e que a comunidade internacional pode intervir quando esses Estados falham ou quando eles mesmos são os perpetradores dessas atrocidades. Outra característica da intervenção na Líbia foi aquilo que um assessor da Casa Branca teria chamado de "liderar por trás" ("*leading from behind*"). A ideia era que os Estados Unidos fornecessem apoio logístico, financeiro e diplomático a uma coalizão internacional liderada pela OTAN, mas sem se envolver diretamente nas operações militares ou assumir a responsabilidade pelo resultado da intervenção. O contraste com a postura de Bush na Guerra do Iraque descrito anteriormente é evidente. Obama havia compreendido que os Estados Unidos teriam que reinventar o seu poder após as consequências das intervenções no Iraque e no Afeganistão.

Esse processo de reinvenção do poder norte-americano tomou um choque violento em 2016. A eleição de Donald Trump para a presidência dos Estados Unidos em novembro daquele ano foi uma das maiores surpresas da história política norte-americana. Ninguém esperava que um empresário bilionário, sem experiência política ou militar, com um discurso populista e nacionalista, pudesse derrotar a candidata Democrata Hillary Clinton, que tinha o apoio da maioria dos meios de comunicação, das elites políticas e econômicas e vantagem expressiva nas pesquisas de opinião. Trump foi nomeado candidato republicano mesmo sofrendo a oposição de toda a elite do partido, que considerava sua candidatura uma ameaça aos princípios conservadores e ao *establishment.* Ele enfrentou 16 adversários nas primárias republicanas e venceu todos eles com uma campanha baseada nas redes sociais, em comícios lotados e em slogans como "*Make America Great Again*" e "*Build the Wall*". Ele também soube explorar os medos e as frustrações de uma parcela significativa do eleitorado norte-americano, que se sentia abandonada pelos políticos tradicionais e prejudicada pela globalização, em particular após a crise de 2008 que aprofundou a desigualdade no país.

No entanto, no dia 8 de novembro de 2016, Trump surpreendeu o mundo ao vencer a eleição com 304 votos no colégio eleitoral contra 227 de Hillary Clinton. Ele conseguiu conquistar, por margens minúsculas, estados decisivos como Pensilvânia, Wisconsin e Michigan, que não votavam em um candidato republicano desde os anos 1980. Ele também mobilizou uma base fiel de apoiadores brancos da classe trabalhadora do interior do país. A vitória de Trump significou uma ruptura na política norte-americana. Trump foi o primeiro presidente do país, desde o fim da Segunda Guerra, a se colocar abertamente contra a ordem liberal sustentada pelos Estados Unidos desde então, defendendo uma postura mais politicamente isolacionista e economicamente protecionista. Ele questionou o valor das alianças militares como a OTAN e os acordos de livre comércio. Ele criticou os organismos multilaterais como a ONU e a OMC, se retirou de tratados internacionais e confrontou aliados tradicionais como a União Europeia e o Japão. Trump rompeu com a tradição diplomática norte-americana de defender os valores democráticos e os direitos humanos pelo mundo. Ele elogiou repetidamente líderes autocráticos como Kim Jong-Un da Coreia do Norte e Rodrigo Duterte das Filipinas, e apoiou movimentos nacionalistas e populistas na Europa e na América Latina. Além disso, Trump atacou sistematicamente a imprensa, a quem se referiu como "inimiga do povo", popularizando o termo "*fake news*". Trump representou uma mudança radical na política externa norte-americana, colocando em xeque a ordem liberal que os Estados Unidos haviam construído e liderado desde o governo Truman. Seu sucessor, Joe Biden, herdou um cenário marcado por uma extrema polarização política no plano doméstico e pela erosão da ordem liberal no plano externo.

Capítulo 4
Conclusões e Desafios à Frente

Trump não surgiu do nada. Ele foi o resultado de uma polarização política e social que se acelerou nos Estados Unidos desde o começo do século XXI. Essa polarização se expressou por uma divisão cada vez maior entre os dois principais partidos políticos do país, o Republicano e o Democrata, que passaram a ter visões opostas sobre questões como economia, saúde, imigração, meio ambiente, direitos civis e política externa.

Essa polarização teve um reflexo significativo na sociedade dos Estados Unidos, resultando em fragmentação e hostilidade. Os cidadãos norte-americanos passaram a se identificar predominantemente com seus grupos políticos, religiosos, raciais ou culturais, em detrimento da identificação com a nação como um todo. Adicionalmente, houve um aumento no consumo de informações e opiniões que corroboravam suas próprias crenças e preconceitos, o que levou à formação de bolhas de informação e desinformação. Essa dinâmica também resultou na percepção dos oponentes políticos como inimigos ou traidores, limitando assim o espaço para diálogo e compromisso.

Mas Trump não foi apenas um sintoma de uma crise política e social profunda nos Estados Unidos. Ele também foi um catalisador de uma mudança estrutural no sistema político norte-americano: a fusão entre as identidades partidárias e as identidades sociais. Em seu livro "*Why We're Polarized*", o jornalista Ezra Klein argumenta que nas últimas décadas os partidos políticos deixaram de ser apenas coalizões de interesses para se tornarem verdadeiras "tribos" que refletem não apenas determinadas posições políticas, mas que passaram a simbolizar uma identidade grupal. Os Republicanos foram se tornando mais brancos, cristãos, rurais e conservadores; ao passo que os Democratas se tornaram mais diversos, seculares, urbanos e progressistas.

Essa fusão entre as identidades partidárias e as identidades sociais criou um ciclo vicioso de polarização: quanto mais os partidos se diferenciam uns dos outros em termos de valores e visões de mundo, mais os eleitores se sentem motivados a apoiar seu próprio partido e a rejeitar o outro; quanto mais os eleitores apoiam seu próprio partido e rejeitam o outro, mais os partidos se radicalizam para atender às demandas de sua base eleitoral; quanto mais os partidos se radicalizam para atender às demandas de sua base eleitoral, mais eles alimentam o antagonismo entre eles. Essa dinâmica tem consequências graves para a democracia norte-americana: ela dificulta a cooperação entre os partidos para resolver problemas comuns, aumenta o risco de violência política entre grupos rivais, reduz a confiança nas instituições democráticas, e gera instabilidade política à medida que cada partido tenta desfazer as políticas do outro quando chega ao poder.

Trump foi tanto um produto quanto um agente da polarização política nos Estados Unidos. Ele soube explorar o ressentimento e a raiva de uma parcela significativa dos eleitores norte-americanos que se sentiam excluídos ou ameaçados pelas mudanças sociais e econômicas ocorridas nas últimas décadas. Além disso, também soube inflamar as divisões entre os norte-americanos ao usar uma retórica populista, nacionalista e autoritária. Trump não foi apenas um presidente polêmico: ele foi um presidente polarizador.

Partindo da interpretação adotada no capítulo anterior, podemos compreender as administrações Obama-Trump-Biden como uma outra "tríade" de presidentes que enfrentaram desafios mais ou menos comuns. No plano doméstico, esses presidentes representam a era da polarização política nos Estados Unidos. Os dados são bastante claros ao indicar que o aprofundamento do processo de polarização descrito acima se deu mais ou menos a partir da segunda metade da primeira década dos anos 2000. Apenas para ficar em um dado, de acordo com o respeitado Instituto Gallup, se observarmos a média de aprovação dos presidentes em seu segundo ano de mandato entre Eisenhower e Bush (filho), ou seja, entre 1954 e 2003, o pior desempenho de um presidente entre os apoiadores do partido opositor foi a do democrata Bill Clinton, que teve apenas 19% de aprovação entre Republicanos em 1994. Analisar a taxa de aprovação no segundo ano de mandato é particularmente interessante, pois está distante tanto do período de "lua de mel" dos primeiros meses quanto do natural desgaste dos anos finais. Para se ter uma ideia, a provação de Eisenhower (republicano) entre os Democratas no seu segundo ano de mandato era de 50%. Seu sucessor, Kennedy (democrata), tinha 49% de aprovação entre Republicanos, em 1962. Ambos os

Bushes (republicanos) contavam com aprovação acima de 50% entre Democratas em seus segundos anos. Se olharmos para os números de Obama, Trump e Biden, fica evidente como o cenário é bastante distinto. Obama (democrata) tinha meros 13% de aprovação entre Republicanos em seu segundo ano de mandato, em 2010. Em comparação com os 8% que Trump (republicano) atingiu entre Democratas, o desempenho de Obama nem parece tão ruim. Alguém poderia pensar que Trump teria atingido o fundo do poço nesse sentido. Pois bem: em 2022, a média de aprovação do democrata Joe Biden entre republicanos foi de 5%. Portanto, Obama, Trump e Biden são os presidentes com menor aprovação entre os apoiadores do partido opositor desde que o Gallup começou a fazer esse tipo de pesquisa. Na era da hiperpolarização, o período da "lua de mel", que costumava caracterizar o início do mandato de um presidente, foi a primeira vítima.

No plano externo, a tríade Obama-Trump-Biden representou a diminuição do foco em grupos terroristas transnacionais e "Estados pária" da era Bush e a volta do jogo das grandes potências, em especial a busca por uma nova estratégia diante da ascensão da China no cenário internacional, mas também diante da reemergência da Rússia a partir da invasão da Geórgia, em 2008, da anexação da Crimeia, em 2014 e, de forma definitiva, da Guerra da Ucrânia, em 2022. Essa mudança de foco na política externa norte-americana refletiu a percepção de que a China e a Rússia representavam desafios mais complexos e duradouros para os interesses e valores dos Estados Unidos do que os atores não estatais ou os regimes autoritários regionais. A China, em particular, emergiu como uma potência econômica, tecnológica e militar capaz de competir com os Estados Unidos em diversas áreas e regiões do mundo. A Rússia, por sua vez, mostrou-se disposta a usar a força e a influência para ressuscitar o seu papel de grande potência e contrapor-se à expansão da OTAN e da União Europeia em seu entorno estratégico.

Diante desse cenário, os três presidentes buscaram adaptar a estratégia norte-americana para lidar com esses rivais sistêmicos. Obama tentou combinar o engajamento com a contenção, apostando no diálogo e na cooperação em temas globais como mudanças climáticas e não proliferação nuclear, mas também reforçando as alianças regionais na Ásia-Pacífico e na Europa Oriental. Trump adotou uma postura mais confrontadora e unilateral, impondo tarifas comerciais à China, retirando-se de acordos internacionais, pressionando os aliados europeus a aumentarem seus gastos militares e questionando o valor da OTAN. Biden, apesar das diferenças com Trump, não adotou grandes mudanças no que concerne aos fins, mas sim aos meios de como se contrapor a China. Enquanto Trump se apoiou em uma postura mais unilateral, Biden buscou restaurar o multilateralismo e as parcerias com os aliados tradicionais dos Estados Unidos como forma de fortalecer a competição estratégica com a China.

Apesar das inúmeras diferenças entre esses três presidentes, eles se viram diante da necessidade de redefinir o papel dos Estados Unidos no mundo diante das transformações geopolíticas do século XXI. A partir de suas particularidades, os três reconheceram que os Estados Unidos não podiam mais se dar ao luxo de serem o policial global ou o líder indiscutível da ordem internacional liberal. Com Obama, essa postura se traduziu na expressão "liderando por trás". Com Trump, a resposta foi pela via do isolacionismo e do abandono do comprometimento norte-americano com as estruturas de governança global. Biden retirou as tropas do Afeganistão e buscou retomar a coordenação com aliados tradicionais, o que ficou evidente na construção da resposta à invasão russa da Ucrânia, feita em concerto com os aliados europeus.

O desafio de oferecer uma visão clara e coerente do papel dos Estados Unidos nesse século permanece em aberto para os próximos ocupantes da Casa Branca, que terão que lidar com dois grandes obstáculos, um interno e outro externo. Internamente, terão de superar a polarização que paralisa o sistema político e impede a formação de um consenso nacional sobre os interesses e os valores do país. Externamente, terão de lidar com a ascensão da China como grande potência, que contesta a hegemonia e a influência norte-americanas em diversas áreas e regiões do globo. A forma como os Estados Unidos lidarem com esses dois obstáculos vai determinar o rumo das relações internacionais no século XXI.

Coleção MyNews Explica

MyNews Explica Evangélicos na Política Brasileira – Magali Cunha
MyNews Explica Eleições Brasileiras – Luis Felipe Salomão e Daniel Vianna Vargas
MyNews Explica Budismo – Heródoto Barbeiro
MyNews Explica Pesquisas Eleitorais – Denilde Holzhacker
MyNews Explica a Rússia Face ao Ocidente – Paulo Visentini
MyNews Explica Sistema Imunológico e Vacinas – Gustavo Cabral
MyNews Explica Como Morar Legalmente nos Estados Unidos – Rodrigo Lins
MyNews Explica O Diabo – Edin Sued Abumanssur
MyNews Explica Buracos Negros – Thaisa Bergmann

Próximos lançamentos

MyNews Explica Economia – Juliana Inhasz
MyNews Explica Sistemas de Governo – Denilde Holzhacker
MyNews Explica Algoritmos – Nina da Hora
MyNews Explica Astronomia – Cássio Barbosa
MyNews Explica Interculturalidade – Welder Lancieri Marchini
MyNews Explica Liberalismo – Joel Pinheiro da Fonseca
MyNews Explica Fascismo – Leandro Gonçalves; Odilon Caldeira Neto
MyNews Explica Integralismo – Leandro Gonçalves; Odilon Caldeira Neto
MyNews Explica Comunismo e Socialismo – Rodrigo Prando
MyNews Explica Exoplanetas – Salvador Nogueira
MyNews Explica a Inflação – André Braz
MyNews Explica Relações Internacionais – Guilherme Casarões

MyNews Explica Nacionalismo x Globalização: a polarização do nosso tempo – Daniel Souza e Tanguy Baghadadi
MyNews Explica Estabilidade Mundial – Daniel Souza e Tanguy Baghadadi
MyNews Explica Mulheres na Política Brasileira – Manuela D'Avila
MyNews Explica HIV ou A Cura da AIDs – Roberto Diaz
MyNews Explica Comportamento e Saúde Financeira – Jairo Bouer
Mynews Explica Galáxias Distantes – Ricardo Ogando
MyNews Explica Negacionismo – Sabine Righetti e Estevão Gamba
Mynews Explica Democracia – Creomar Souza
MyNews Explica Trabalho e Burnout – Jairo Bouer